道德经

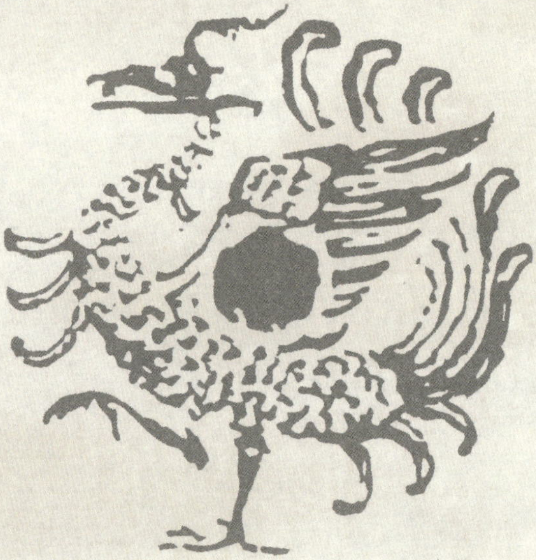

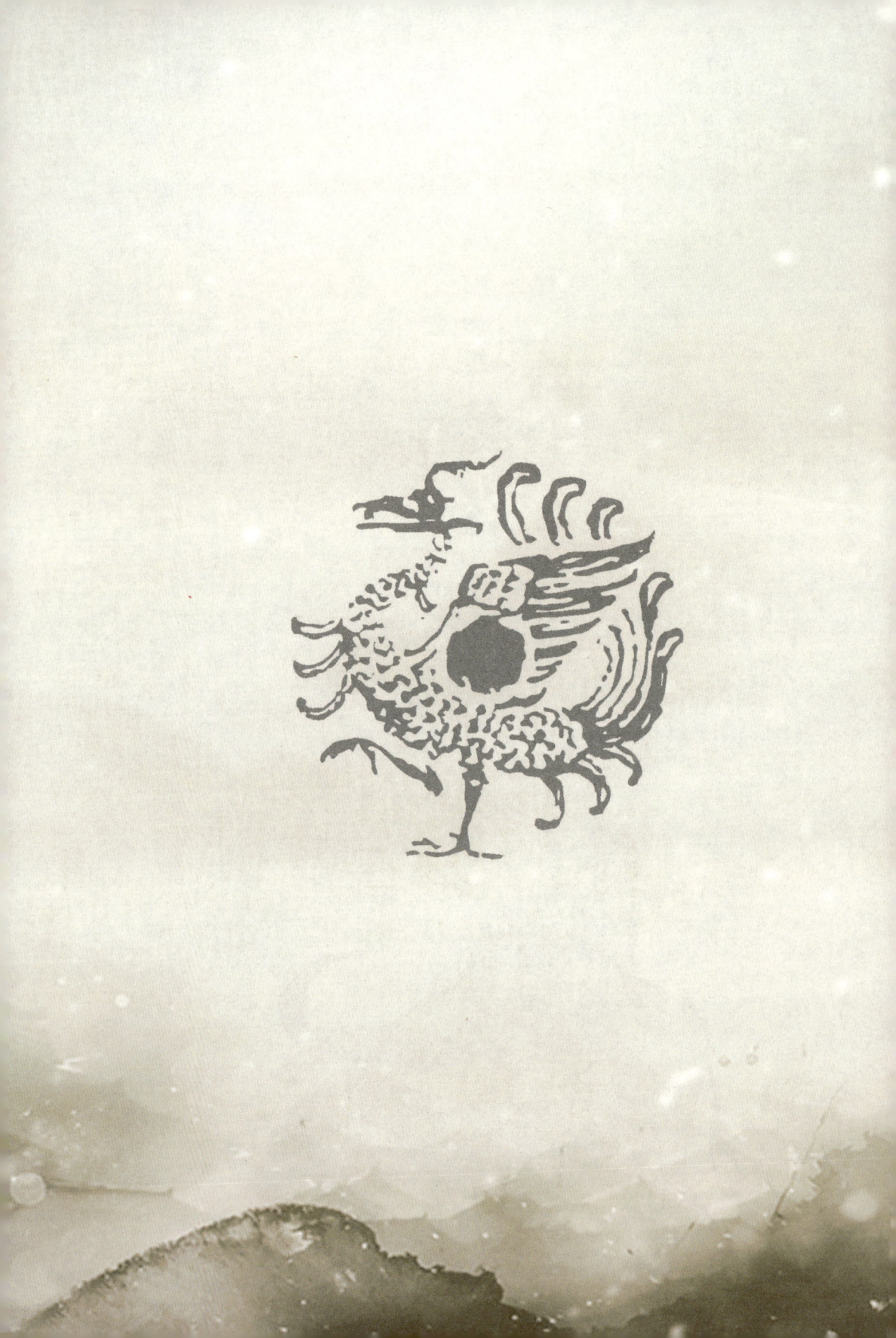

道德经

[国学经典丛书]

丛云 译注

科学普及出版社
·北京·

图书在版编目（CIP）数据

道德经 / 丛云译注. — 北京 : 科学普及出版社,
2023.5
（国学经典丛书）
ISBN 978-7-110-10529-0

Ⅰ.①道… Ⅱ.①丛… Ⅲ.①道家②《道德经》—译文③《道德经》—注释 Ⅳ.①B223.1

中国国家版本馆CIP数据核字（2023）第023971号

策划编辑	胡　怡
责任编辑	胡　怡
封面设计	余　微
正文设计	余　微
责任校对	邓雪梅
责任印制	马宇晨

出　　版	科学普及出版社
发　　行	中国科学技术出版社有限公司发行部
地　　址	北京市海淀区中关村南大街16号
邮　　编	100081
发行电话	010-62173865
传　　真	010-62173081
网　　址	http://www.cspbooks.com.cn

开　　本	710mm×1000mm　1/16
字　　数	192千字
印　　张	13.5
版　　次	2023年5月第1版
印　　次	2023年5月第1次印刷
印　　刷	德富泰（唐山）印务有限公司
书　　号	ISBN 978-7-110-10529-0 / B・83
定　　价	63.00元

（凡购买本社图书，如有缺页、倒页、脱页者，本社发行部负责调换）

前 言

《道德经》又称《道德真经》《老子》等，是春秋时期老子所著。

老子，姓李，名耳，字聃，是中国古代伟大的思想家、哲学家，也是道家学派创始人和主要代表人物。

《道德经》是中国古代道家哲学的经典，其核心思想是朴素的辩证法，主张无为而治。《道德经》内容全面丰富，集天文、地理、军事、政治、经济、道德规范、环境保护、自然规律、治国用兵、内政外交、修身养性、为人处世等于一体，荟萃了中华民族春秋时期的文化精髓，思想博大精深，处处闪耀着人类智慧的光芒。

老子有着满腹学问，担任"守藏室之官"（管理藏书的官员），主管国家存藏的竹简；后来他又负责记录朝政议论。由于老子学识渊博，令人钦敬，所以各国的君主、朝臣都对他非常尊重。据《史记》记载，老子看到周王室愈来愈衰落，便离开洛阳而西去。老子在经过函谷关时，关令尹喜知道他将隐去，便请老子著书。于是，老子写下了五千余字，就是他的传世之作——《道德经》。

老子到底有多大本事，无人知晓。老子留下的《道德经》太过玄妙，后世众人在景仰之余，相互传诵，越传越奇，遂将老子捧为寿与天齐的神仙，并以神话的方式描述他。

《道德经》分上、下两篇。今传世的王弼本分为八十一章，《道经》在前，《德经》在后。

《道德经》是中国古代先秦诸子分立前的一部著作，为当时诸子所共仰，是道家哲学思想的重要来源，也是中国历史上首部完整的哲学著作。书中虽然只有五千余言，但文风幽雅，意义博大，理念精深，被人们称为"哲理诗"。通过学习这部不朽的经典，我们可以从中找到属于我们自己的思想天空，可以改变自己，改变自己的生活方式。

《道德经》中的许多观点受到世界各国人民的普遍赞同。由此可见，中国先哲留下的智慧宝藏，既是中国哲学、东方文化的代表，又是人类文明的重要组成部分。

《道德经》常会被归属为道教学说。其实，哲学上的道家和宗教上的道教是不能混为一谈的，但《道德经》作为道教基本教义的重要构成之一，吸纳了道家思想，被道教视为重要经典。

老子在《道德经》中提出了"无为而治"的主张，成为中国历史上某些朝代，如西汉初期的治国方略。无为而治的策略在经济上可以缓解人民的压力，对早期中国社会的稳定起过一定作用，对中国古老的哲学、科学、政治、宗教等产生了深刻的影响。《道德经》在世界上的影响力也日渐显著，越来越多的西方学者不遗余力地探求其中的奥秘，寻求人类文明的源头，深究古代智慧的底蕴。

《道德经》经历代传抄，多有错讹，至今已经很难彻底分辨孰真孰伪。据说仅国内的《道德经》译注本就不下千种。因此，注解不能陷入咬文嚼字的误区，而应用不同版本《道德经》相互印证除错，大处着眼，重在理解老子所要表达的思想主题和整体文意。

《道德经》是值得我们用一生的时间去研究推敲的经典之作。为了使本书更具完整性和权威性，我们在编译过程中，查阅了大量相关资料，力争为读者献上一部精心编校的读本。

目 录

第 一 章 ·· 1
第 二 章 ·· 4
第 三 章 ·· 6
第 四 章 ·· 8
第 五 章 ·· 10
第 六 章 ·· 14
第 七 章 ·· 16
第 八 章 ·· 18
第 九 章 ·· 20
第 十 章 ·· 22
第十一章 ·· 28
第十二章 ·· 30
第十三章 ·· 33
第十四章 ·· 35
第十五章 ·· 37
第十六章 ·· 40
第十七章 ·· 42
第十八章 ·· 44

第十九章 ……………………………………	46
第二十章 ……………………………………	48
第二十一章 …………………………………	55
第二十二章 …………………………………	57
第二十三章 …………………………………	59
第二十四章 …………………………………	61
第二十五章 …………………………………	63
第二十六章 …………………………………	65
第二十七章 …………………………………	67
第二十八章 …………………………………	70
第二十九章 …………………………………	72
第三十章 ……………………………………	74
第三十一章 …………………………………	81
第三十二章 …………………………………	83
第三十三章 …………………………………	85
第三十四章 …………………………………	87
第三十五章 …………………………………	89
第三十六章 …………………………………	91
第三十七章 …………………………………	93
第三十八章 …………………………………	95
第三十九章 …………………………………	98
第四十章 ……………………………………	100
第四十一章 …………………………………	105
第四十二章 …………………………………	107
第四十三章 …………………………………	109
第四十四章 …………………………………	111

第四十五章	113
第四十六章	115
第四十七章	117
第四十八章	119
第四十九章	121
第 五 十 章	123
第五十一章	129
第五十二章	131
第五十三章	133
第五十四章	135
第五十五章	137
第五十六章	140
第五十七章	142
第五十八章	145
第五十九章	147
第 六 十 章	150
第六十一章	156
第六十二章	158
第六十三章	160
第六十四章	162
第六十五章	165
第六十六章	167
第六十七章	169
第六十八章	171
第六十九章	173
第 七 十 章	175

第七十一章 …………………………………………… 180

第七十二章 …………………………………………… 182

第七十三章 …………………………………………… 184

第七十四章 …………………………………………… 186

第七十五章 …………………………………………… 188

第七十六章 …………………………………………… 190

第七十七章 …………………………………………… 193

第七十八章 …………………………………………… 194

第七十九章 …………………………………………… 196

第 八 十 章 …………………………………………… 198

第八十一章 …………………………………………… 200

第一章

道可道①，非常②道；名可名③，非常名。无名，万物之始；有名，万物之母④。故常无欲，以观其妙⑤；常有欲，以观其徼⑥。此两者，同出而异名，同谓⑦之玄⑧，玄之又玄，众妙之门⑨。

注释

①道可道：第一个"道"指道理，引申为宇宙万物的原则、真理、规律等；第二个"道"则表示解说、言说的意思。

②常：永恒的。

③名可名：第一个"名"是名词，指道之名；第二个"名"是动词，指命名。

④母：本源，根源，母体。

⑤妙：玄妙，微妙。

⑥徼（jiào）：追求，求索之义，引申为功用。

⑦谓：称谓。此为"指称"。

⑧玄：原意指深黑色，这里指玄妙幽深。

⑨众妙之门：通往奥妙的门径，此处用来比喻通往宇宙万物的根源——道的门径。

译文

能用言语表述的道，不是恒久不变的道；能用文辞表达的名，也不是恒久不变的名。无名，是万物的开端；而有名，则是宇宙万物创生的本源。所以，常常保持无欲，可以观察领悟道的奥妙；常常保持有欲，可以观察道的功用。无欲与有欲这两者，只不过是同一来源的不同名称

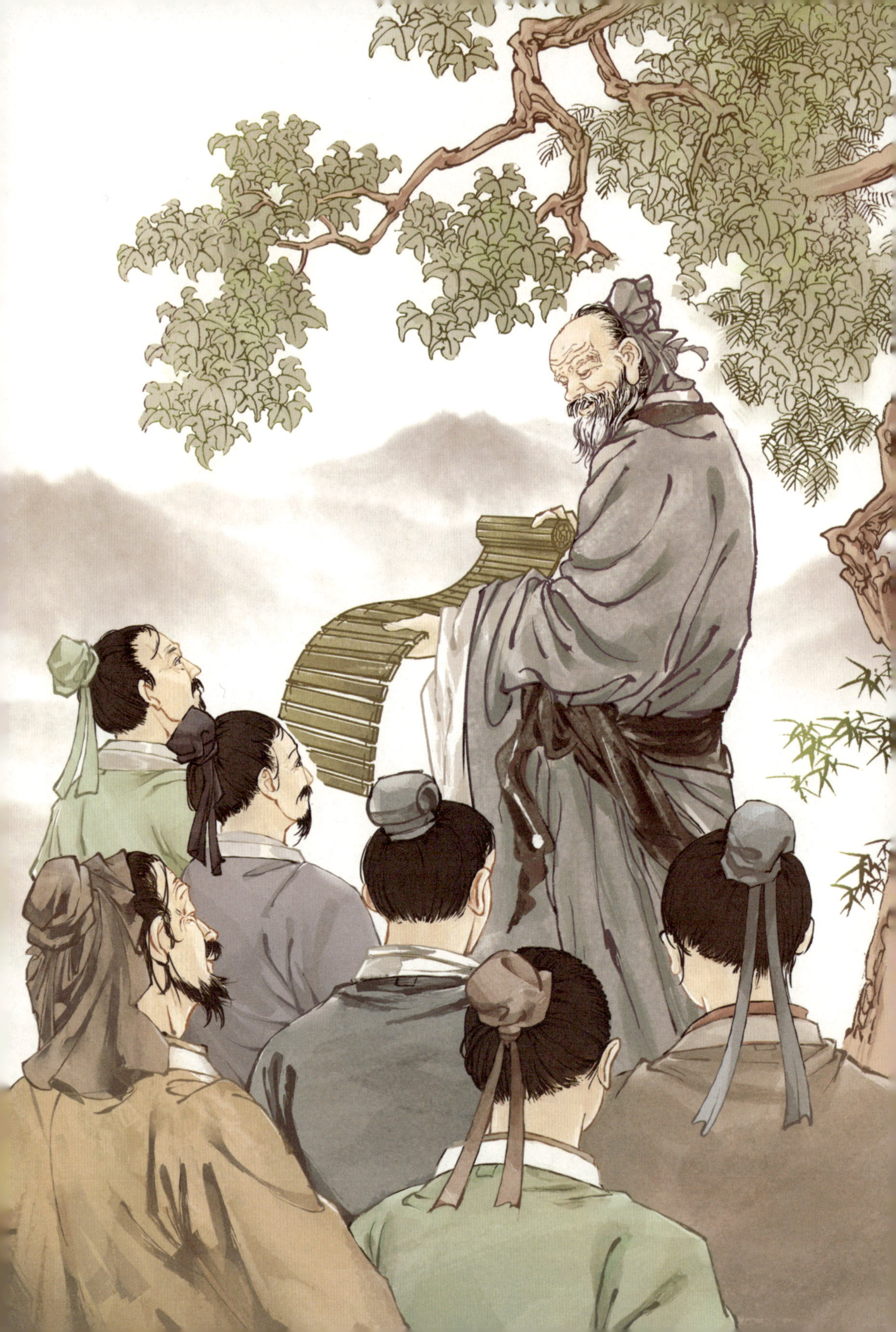

罢了，都十分玄妙、幽深。玄妙又幽深啊，这是通往宇宙间一切奥妙的门径。

解读

本章的主题是道只可意会，不可言传。

老子所提出的有、无是相对的概念。有指具体的物质，无指一种和有相对立的规律，这种规律是看不见、摸不着的，比如时空关系。有和无共同组成事物，既相互对立，又相辅相成。单纯地认为世界是有，即物质的，或者单纯地认为世界是无，即精神的，都是主观的、片面的。

通过有欲来观察事物才能达到无欲之境。有欲望就会观察世界万物，发现事物之间的联系，了解其中客观存在的道理。而无欲就会超脱世俗，透过表面现象看本质，体会到物质之外的微妙境界。有欲和无欲是辩证的关系。

有和无的来源是相同的，即天地万物的自然发展规律。然而，能够用语言描述的事物的发展规律都是主观的、有局限性的。道是每个人自身对自然的体悟，所以老子在开篇提出，能够说出的道理都不是真正的道。

第二章

天下皆知美之为美，斯恶①已；皆知善之为善，斯不善已。故有无相生，难易相成，长短相形，高下②相倾③，音声④相和，前后相随。是以圣人处无为之事⑤，行不言之教，万物作⑥焉而不辞，生而不有，为而不恃，功成而弗居。夫唯弗居，是以不去。

注释

①恶：丑恶。

②下：这里指低。

③相倾：互相依靠，一作"相盈"。

④音声：古时音和声是两个不同的概念。复杂的、有节奏的叫音，单调的、无节奏的叫声。

⑤圣人处无为之事：有道的人用无为的法则来处理世事。圣人，老子理想中"与道同体"的人物。无为，顺应自然，不妄为。

⑥作：兴起，创造。

译文

天下人都知道美之所以为美，是因为有丑恶的存在；都知道善之所以为善，是因为有不善的存在。因此，有和无相依而生，难和易互相促就，长和短互为显现，高和下互为依靠，音和声彼此应和，前和后彼此相随。所以，有道之人用无为的法则来处理世事，用不言的方式施行教化，对万物的自然兴起不加干涉，滋养万物而不据为己有，助其成长而不自恃其能，功成业就而不居功自傲。正因为不居功自傲，因此功绩能够永存。

解 读

此章通过对美丑、善恶等矛盾体的具体分析揭示出矛盾的对立面之间可以相互转化的规律。

在大治的世道，人们不知有丑恶，也不知有美善，一切顺其自然。然而在不治之世，那些利己主义者为了追求利益，用假美假善伪装自己，使美丑善恶相伴而生。因为有了丑的衬托才显示出了美，有了困难的衬托才显示出了容易，有了沉静的衬托才显示出了喧闹，有了喧闹的衬托才显示出了沉静。

然而万物都不是孤立存在的，美丑、善恶、有无、前后、难易，总是相互对立、互相依存的。单纯地追逐某一方面是不科学的，会造成求而不得的结果。所以，老子指出有向无中求，想易必重视难的辩证法观点，从追求事物的对立面着手，让其自然而然地由量变到质变，再向正面转化。

圣人正是因为认识到了事物的两面性、矛盾的对立性与相互转化，认识到事物都有自身的发展规律，所以能够辩证地看待问题。

无为不是不作为，而是要顺应事物的自然发展规律。功成业就而不居功，懂得急流勇退，对成败荣辱淡然处之，所以功绩才不会离开圣人。

第三章

不尚贤①，使民不争；不贵难得之货②，使民不为盗③；不见④可欲，使民心不乱。是以圣人之治，虚其心⑤，实其腹，弱其志⑥，强其骨，常使民无知无欲。使夫知者不敢为⑦也。为无为，则无不治⑧。

注释

①尚贤：尊崇有才能的人。尚，崇尚，尊崇。贤，贤能之人。
②不贵难得之货：不珍视难得的财物。贵，珍视。货，财物。
③盗：窃取财物。
④见（xiàn）：通"现"，出现，这里是显示的意思。
⑤虚其心：净化百姓的心灵。虚，净化。
⑥弱其志：减少百姓的贪欲。
⑦不敢为：不敢妄为。
⑧治：治理，这里指治理得天下太平。

译文

不推崇有才德的人，使百姓不互相争夺；不珍视难得的财物，使百姓不去偷窃；不显现足以引起贪心的事物，使民心不被迷乱。因此，圣人的治理天下的原则是：净化百姓的心灵，满足百姓的温饱，减弱百姓的贪欲，强健百姓的体魄，使百姓们无欲无知，使那些自作聪明的人不敢妄为生事。按照无为的原则去处理事务，那么天下就没有治理不好的。

解 读

　　本章提出圣人治理政事的方法是不推崇、不珍视、不炫耀，体现了老子关于有为、无为的辩证思想。

　　老子认为，净化百姓心灵，需要统治者推行无为之治。不推崇贤人，人们就不会为了得到高官厚禄而迎合统治者，不会在权力的诱惑下争做表面的贤人；不珍视难得的东西，人们就不会为满足自己膨胀的欲望而成为盗贼；不显现足以引起贪欲的事物，人们就不会因此而迷乱心性。而骨强体健，是开启精神天堂的物质基础和必要条件。所以，当百姓身体强壮时，欲望也会相对减少。那些局限于自我，平时善于投机取巧、玩弄心计、耍小聪明的"智者"，在无欲无知的百姓面前，如同小巫见大巫，自然不敢胡作非为。只有做到"无欲无知"，才能领悟到大智慧。这就会启示并促使那些"智者"自觉自愿地从"敢为"转向"不敢为"。

　　一个人只有内心纯净才能不被欲望迷惑，才能减少名利争夺带来的浮躁和苦恼。顺其自然，无为而治，让生命处于一种宁静充实的状态。老子所讲的"无为而治"是他在认识到事物具有其自然发展的道理之后的真知灼见。只有施行无为而治，才能实现天下大治。

第四章

道冲①,而用之或不盈②。渊③兮,似万物之宗④。挫其锐⑤,解其纷⑥,和其光⑦,同其尘⑧。湛⑨兮,似或存⑩。吾不知其谁之子,象帝之先⑪。

注释

①冲:通"盅",器物虚空,比喻空虚。

②盈:满,引申为尽。

③渊:深邃。

④宗:主宰。

⑤挫其锐:不露锋芒。

⑥解其纷:消解纠纷。

⑦和其光:与日月齐光。

⑧同其尘:与万物同生。

⑨湛:深沉。

⑩似或存:似乎存在。连同上文"湛兮",形容"道"若无若存。参见第十四章"是谓无状之状,无物之象,是谓惚恍"等句,理解其意。

⑪象帝之先:此处指好像天帝的祖先。象,好像,帝,天帝。

译文

大道是空虚无形的,但它的作用却不会穷尽。深邃啊!它好像万物的主宰。它不露锋芒,消解纷争,与日月齐光,与万物同生。隐秘啊!它又好像实际存在。我不知道它从何而来,它似乎是天帝的祖先。

解 读

本章旨在说明道的不言之教的巨大作用。

道是一种自我感知，是心灵的某种境界，对许多人来说，道是感觉不到的，是虚幻的，但道又是无处不在的，具有巨大的力量。得道之人能够畅游于道的美妙境界里，了悟人生真谛，获取大智慧。得道之人磨平了自己身上不可一世的锐气，抛弃了所有于己无益的想法；狂喜、愤怒、悲伤、傲慢等激烈情绪不再出现，内心变得温和宁静、不卑不亢；能够清醒平和地看待世间的美丑、善恶、荣辱、贵贱。而对于背道而驰的人，道是遥不可及的。

大自然实在是奥妙无穷，它有着坚不可摧的规律性和无法抗拒的力量，好像有人在背后主宰着宇宙。但是我们又不知道孕育世界万物的道是从哪来的，因为道是永恒的，它在很久之前就存在了。

我们只有怀着敬畏之心，顺应自然，顺应道，才能掌握事物发展的规律，与自然和谐相处。只有亲历道境，不为表面所迷惑，把握世界的本质规律，才能树立正确的世界观和人生观，把握自己的命运。

第五章

天地不仁，以万物为刍狗①；圣人不仁，以百姓为刍狗。天地之间，其犹橐籥②乎？虚而不屈③，动而愈④出。多言数穷⑤，不如守中⑥。

注释

① 刍（chú）狗：一说为刍草、狗畜；一说为古代祭祀时用草扎成的狗。

② 橐籥（tuó yuè）：古代冶炼时用以鼓气的风箱。

③ 屈（jué）：竭尽，穷尽。

④ 愈：更加。

⑤ 多言数穷：议论愈多，离道愈远。多言，指多说。数，通"速"，加快。穷，困穷。

⑥ 守中：守住虚静。中，指内心的虚静。

译文

天地是无所谓偏爱的，对待万事万物就像对待刍狗一样一视同仁。圣人也是没有偏爱的，对待百姓们就像对待刍狗一样一视同仁。天地之间，不正是像一个风箱一样吗？虽然空虚却永无穷尽，鼓动愈快，风力愈大。议论愈多，离道愈远，不如坚守道体虚静无为。

解读

本章讲述了老子的人人平等思想，而想要实现人人平等需要完善的法律作为保障。

天地对待万物是平等的。万物为天地所生，天地不偏爱任何事物。老子把天地比作风箱，风箱的作用是使炉火更旺。风箱可以控制风力，但是不能太过，鼓动速度太快反而达不到预期的效果。既要发挥风箱的作用，又要把握火候。

人人平等，需要以完善的法律来保障。圣人效法天地，依法治国，任何人违反法律，都要受到法律的严惩。用权力代替法律，法律就会失去威严，社会就会滋生罪恶，百姓就会遭遇祸患，这是统治者最大的不仁。

就治国而言，老子认为统治者要虚怀若谷，不可轻举妄动，按照自我主观意志任意发挥，必须"以百姓之心为心"，逐步完善法律法规。只有用牢固的法治观念取代统治者的自我"有为"思想，社会才能长治久安，国家才能健康发展。

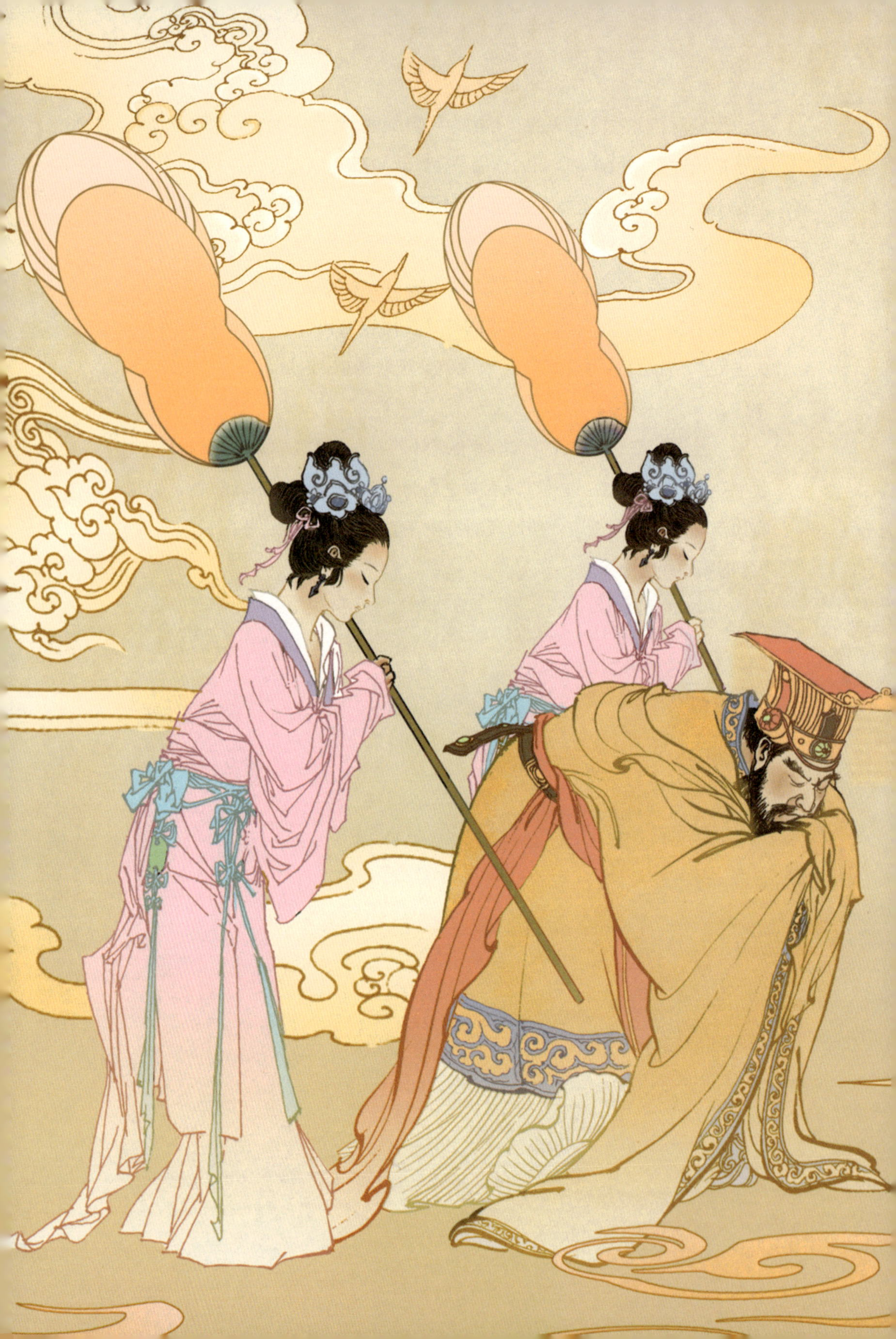

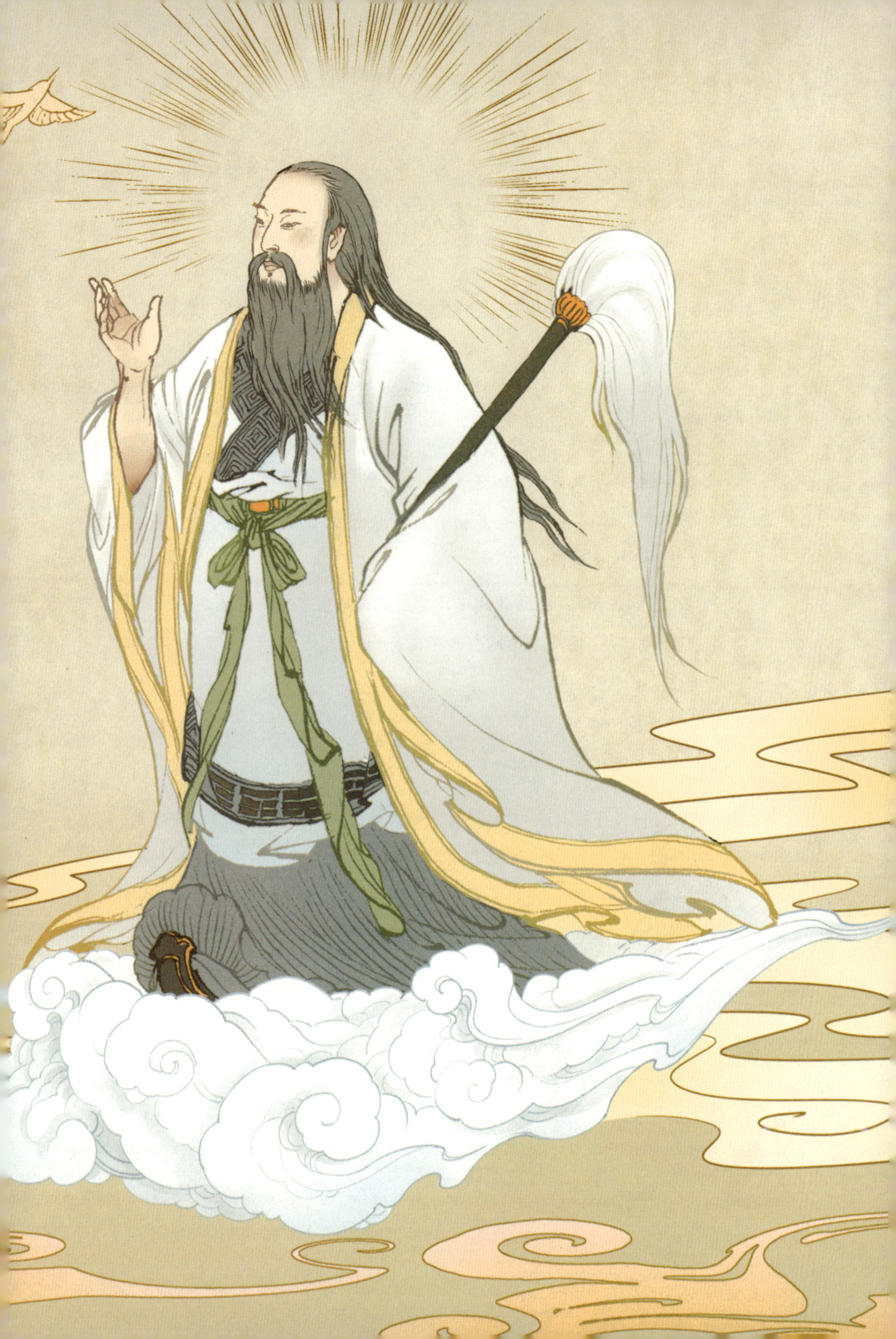

第六章

谷神①不死,是谓玄牝②。玄牝之门③,是谓天地根。绵绵若存④,用之不勤⑤。

注释

①谷神:谷,代指空虚的道。神,形容道变化无穷。

②玄牝(pìn):孕育和生养出天地万物的母体。牝,原为女阴象形字,这里指雌性生殖器。

③门:指生殖之门,这里用来比喻造化天地生育万物的根源。

④绵绵若存:连绵不绝地永远存在着。

⑤勤:作"尽"讲。

译文

道是那样神妙而永恒,是玄妙的母体。玄妙的母体生殖之门,就是天地的本源。它绵绵不绝地存在着,作用是无穷尽的。

解读

本篇讲述了万物之母——道的伟大,告诉我们要敬畏生命、敬畏道。

人类最原始的本性表现为对母亲的依赖、对自然的依赖。老子把神秘莫测的道比为母体，描述了无所不能、生育万物的道的特性，以母体生养万物比喻宇宙生生不息。这表达的是对万物之母"生"的力量的赞美和尊崇。

就治国而言，这一章强调精神的沟通作用。管理百姓就像母亲的爱一样无私、博爱，应有所克制，不可操之过急，不要过于执着。只要统治者和人民群众同心同德，一切按客观规律办事，人间盛世自然会来临。

道是生养人类的伟大母亲，所以我们要体贴她、礼待她、爱护她、尊重她，也就是要敬畏生命、敬畏道。

第七章

　　天长地久①。天地所以能长且久者,以其不自生,故能长生。是以圣人后其身②而身先③,外④其身而身存。非以其无私邪?故能成其私。

注释

①天长地久:长、久,均指时间长久。
②身:自身,自己。以下三个"身"字同。
③先:居先,占据了前位,此处是高居人上的意思。
④外:是方位名词作动词用,这里是置之度外的意思。

译文

　　天地是长久存在的。天地之所以能长久存在,是因为它并不为自己而运行,所以能够永远存在。因此,有道的圣人遇事谦退无争,反而能占取领先地位;圣人将自己的生命置之度外,反而能得以保全自身。这不正是因为他的无私吗?他反而因此能够成就伟业。

解读

　　本章讲述了老子的利他主义思想。先利他,后利己;先无私,后成私,那么无私而成其私。

　　天和地是对立统一的、不可分割的;天因地而生,地因天而存。天地无私,所以能天长地久。所以,无私才合乎自然规律。

　　世上的一切事物都是矛盾的统一体,人也不例外。为了满足身体的需求,人开始无止境地追求物质财富。这样一来,身体就遭殃了,因为人的欲望是无穷无尽的。圣人明白，只有保持灵魂和身体的平衡，才能身心健康。因此，圣人把肉身置之度外，关注精神生活，追求精神愉悦，反而延长了寿命。

老子根据宇宙法则揭示了人生法则，而人生法则又贯穿着社会法则。他的"后其身而身先""外其身而身存"的思想，正是"先天下之忧而忧，后天下之乐而乐"的原形。治理国家，只有时刻把人民的利益放在前面，才能得到人民的拥护和爱戴。为了肉体而活着的人，生命不会长久；为了人民的利益而活着的人，只要社会存在，他的精神就不会消失，因为他永远活在人民心中。

老子把宇宙、人生和社会看成一个统一的整体，从而要求人与人之间要爱而忘私、和谐相处，由此形成利他主义、集体主义的价值观。无私是合乎道的美德，只有用以利他主义、集体主义为中心的价值观取代以利己主义、个人主义为中心的价值观，人类才能实现世界和谐有序的发展。

第八章

上善若水①,水善利万物而不争。处众人之所恶②,故几于道③。居善地,心善渊④,与善仁⑤,言善信,正善治⑥,事善能,动善时⑦。夫唯不争,故无尤⑧。

注释

①上善若水:上善即最高等的善。这里老子以水的形象来说明圣人是道的体现者,因为圣人的言行有类于水,而水德是近于道的。

②处众人之所恶(wù):指甘居于人所厌恶的低处。

③几于道:接近于道。几,接近。

④渊:深,可容纳万物。

⑤与善仁:与,指与别人相接。"仁"当为"人"。善仁,在这里指有修养之人。

⑥正善治:正,通"政",为政善于治理。

⑦动善时:行动善于把握有利的时机。

⑧尤:过失,罪过。

译文

最高的善好像水一样,水善于滋润万物而不与其相争。水停留在众人都不喜欢的地方,所以水的行为最接近于道。上善的人总是甘居卑下的环境,心胸善于保持沉静而深远博大,与善良的人交往,说话恪守信用,为政善于治理,处事善于发挥特长,行动善于把握时机。上善的人正因为有不争的美德,所以没有过失。

解读

本章以水来喻人、教人,以水的特性阐述了圣人不争的美德。

水能静能动,能急能缓,能柔能刚,能升能隐。水总是处在众人都不喜欢的低下、隐蔽的地方,以坚定不移的规律性,冲洗污垢,刷新世界。水不违背天时,滋润万物而不与万物相争,所以具有接近于道的特性。

圣人具有接近于水的特性。圣人选择幽静清净之地居住,生活安定;做事审时度势,伺机而动;为政清正廉洁,杜绝腐败;为人低调,虚怀若谷;待人宽和友爱,无私奉献而不图回报。圣人与世无争,遵循自然规律行事,不主观妄为,从而得到了别人得不到的东西,这就是"不争之争"。

老子的"不争"并非消极懈怠,而是以平静的心态面对那些没有意义的纷争,在适合自己的位置上做自己应该做的事,不断付出,积蓄力量,从而实现自己的人生价值。

道德经 第八章

第九章

持而盈之①，不如其已②；揣而锐之③，不可长保④。金玉满堂，莫之能守；富贵而骄，自遗其咎⑤。功遂身退⑥，天之道⑦也。

注释

①持而盈之：装满而使它溢出。持，手执，手捧。盈，满。

②不如其已：不如适可而止。已，止。

③揣而锐之：捶击使它变得锐利。揣，捶打，敲打。

④长保：长久保存。

⑤咎：过失，灾祸。

⑥功遂身退：功成名就之后，不再身居其位，而应适时退下。"身退"并不是退隐山林，而是不居功贪位。

⑦天之道：指自然规律。

译文

与其装得过满而使它溢出，不如适可而止；捶打它而使它锐利，锐势难以保持长久。纵然金玉堆满房屋，谁也无法守藏。如果富贵到了骄横的程度，那就会给自己留下祸根。功成身退，这才符合自然的规律。

解读

本章讲的是适可而止、恰到好处的观念。

事物都有两面性，这两面是可以相互转化的。我们都懂得物极必反的道理。事情做得太满就容易有所欠缺，应学会急流勇退；为人锋芒太露，容易遭遇祸患，应学会自我收敛。钱财的价值在于流通，若不断敛财将会对自己造成危害。因富贵而骄横，必定会遗失本来的心性。自古骄兵必败，如果认识不到骄的危害性，必定会遗憾终生。

社会上有些人，起初为人民的利益而尽心尽力，等到富贵功名加身时，却居功自傲，不可一世，最终晚节不保，身败名裂。

日中则昃，月盈则亏，这是自然规律。世间伟人，一旦达到事业的顶峰，完成其历史使命，就应遵循自然，主动退位让贤。知进而不知退者，祸必及身。当然，圣人的功遂身退是主动的、积极的。而许多士大夫归隐山林，明哲保身，则是被动的、消极的。

登临高处固然是"一览众山小"，但同时也会"高处不胜寒"。所以，聪明人能够不居功自傲，不留恋名利富贵。拥有一份宁静而充实的心境，才是更难得的。

道德经 第九章

第十章

载营魄抱一①，能无离乎？专气②致柔，能如婴儿乎③？涤除玄览④，能无疵乎？爱民治国，能无以智乎⑤？天门开阖⑥，能为雌⑦乎？明白四达，能无为乎？生之畜⑧之，生而不有，为而不恃，长而不宰，是谓玄德⑨。

注释

①载营魄抱一：载，用作助语句，相当于夫。营魄，即魂魄。魂属灵，魄属血，在此连用，指灵肉相连。抱一，即合一。一，指道，抱一意为魂魄合而为一，二者合一即合于道。又可解释为身体与精神合一。

②专气：即集气。专，聚结。

③能如婴儿乎：能像婴儿一样吗？

④涤除玄览：涤，扫除，清除。览，一作"鉴"，明镜。玄览，形容心地如宽广的明镜。

⑤爱民治国，能无以智乎：爱民治国，能不用智巧吗？

⑥天门开阖（hé）：天门，有多种解释。一说指耳、目、口、鼻等感官；一说指兴衰治乱之根源；一说指自然之理；一说指人的心神出入即意念和感官的配合等。此处指人体天生的感官。

⑦雌：比喻宁静柔弱。
⑧畜：养育，繁殖。
⑨玄德：最高深的德。

译文

灵魂与肉体融为一体，能永不分离吗？聚合精气归于柔和，能像婴儿一样吗？洗涤杂念，使心底清澈如明镜，能没有瑕疵吗？爱民治国，能不用巧智吗？感官受到外界的刺激而开合，能坚守住宁静吗？通达四方，能顺应自然吗？让万事万物生长繁殖，生育万物而不占为己有，滋养万物而不居于主宰地位，这就是最高深的德。

解读

本章老子以反问的形式列举了几种使内心达到无的境界然后再进行处理的事情，讲述了扫除杂念修道的方法和过程。

凡在实际中出现的事物，就需要存在的空间。为了让种种事物能成为自身的一部分，首先需要让内心空起来，也就是达到无的境界，然后让种种事物在心中有序地排列起来。无的境界与宇宙产生前的境界在本质上是一致的。

修炼道德功，目的就在于使灵魂与肉体合二为一。人不修炼道德功，就容易以自我为中心，认识问题容易带有局限性和主观片面性。

就国家而言，国家是由国土、被统治者和统治者组成的。统治者脱离了人民的制约和监督，便会成为"国之贼"；人民脱离了统治者合乎道的管理和指引，就会陷入无政府主义的混乱状态。只有统治者和被统治者同心同德，国家才能健康发展。否则，国家就会处于动乱状态，最终国破人亡。

治国、治身，都必须扫除大脑中的一切私心杂念，在道境之中直观道体，体悟世界的本质和规律，遵循客观规律施行法治，只有这样才能无所不为。

从"载营魄抱一"到"明白四达",境界是逐步提高的。道的境界和自身修养是同步的,"玄德"表明自身修养与道合一,是德的最高境界,具备了玄德,也就具备了科学的世界观、人生观和价值观。

【延伸阅读】

无欲则刚

生活中我们总是停不下追寻的脚步,我们时而迷茫,时而兴奋,时而痛苦,时而烦恼,好像找不到一条出路。老子告诉我们,道就是道,不生不灭。欲望太多的人无法看透前路,而平心静气者,却能够勇敢地前行。

有这样一则寓言:

有位书生进京赶考,路过鱼塘时正巧看到渔夫钓了一条大鱼,书生便问渔夫是如何钓到大鱼的。渔夫得意地说:"我早就发现它了,决心要把它钓上来。但刚开始,鱼饵太小,它根本不上钩。于是,我把鱼饵换成一只小乳猪,没想到果然有用,没一会儿,大鱼就被钓上来了。"

书生听后,感叹道:"鱼啊,鱼啊,你真是傻啊!塘里小鱼小虾这么多,够你吃一辈子的,你却禁不住诱惑,偏要去吃渔夫送上门的大饵,你这是因贪欲而死啊!"

欲望与生俱来,每个人都有,欲望是生命的本能。而如果对欲望不加节制,纵欲无度,便是对生命的消耗和伤害。有效节制欲望,才能延伸生命的长度,拓展生命的宽度。

王翦求赏

战国末年，秦国逐渐强大起来。秦国接连消灭了韩、赵、魏三国，赶走了燕王，又几次打败楚军。秦国攻城略地，扩大版图，大有并吞天下之势。

这一年，秦国准备攻打楚国。秦王嬴政召集手下将领商量作战策略。秦国的将领中有个叫李信的，年轻气盛，勇猛能干，曾带领几千人捉拿了燕太子丹，深得秦王嬴政的喜爱。秦王嬴政问李信需要多少人马出征，李信说带二十万人足矣。秦王嬴政又问老将王翦，王翦说没有六十万人是不行的。

秦王嬴政说："王将军大概是老了，这有什么可惧怕的呢！还是李将军年轻勇敢，说的有道理。"于是，秦王嬴政派李信率兵二十万去攻打楚国。王翦见自己的意见不被采纳，便假称生病，回老家频阳休养去了。

李信率领的秦军一开始连连取得胜利，先后攻破了鄢、郢，然后引兵西去，准备去城父与蒙恬会师。这时却中了楚军的计谋，楚军不眠不休地追赶了李信军队三天三夜，最后将李信军队打得大败，攻破李信的两座大营，斩杀了秦军的七个都尉。

秦王嬴政听到这个消息，十分生气，只好亲自乘车去频阳找王翦，给王翦道歉说："当初我没有采取您的意见，果然让李信折了我的军队，我现在十分后悔。眼见着楚军一天天逼近，将军虽然有病在身，但您忍心弃秦国于不顾吗？"王翦说："我身体不好，精神也疲倦，还是请大王另请贤将吧！"秦王嬴政："好了，将军就不要再推辞了。"王翦说："如果大王非要用我不可，我还是坚持要六十万大军。"秦王嬴政说："一切都听将军的。"

于是，王翦率领六十万大军出征，秦王嬴政亲自送军至灞上。王翦出发前，一连向秦王嬴政要了许多良田、美宅和园林。秦王嬴政说："将军若得胜归来，何愁没有荣华富贵？"王翦说："秦国的功臣将相，能封侯者向来较少。我还不如趁着现在多为子孙要些东西。"秦王嬴政听后大笑。

从大军出秦境到函谷关，王翦又一连五次派人回去向秦王嬴政求赏。有人看不下去了，便对王翦说："您这样做太过分了！"王翦叹了口气说："咱们大王好猜忌，如今几乎把全国的兵都交给我指挥了，能放下心来吗？我一再地求赏，无非是要让大王觉得我贪图财产、顾怜后辈，而没有外心啊！"

功遂身退，明哲保身

"功遂身退"是一种智慧，它告诫我们，当我们有功时千万不要居功自傲，否则可能会招来不必要的麻烦和危险。

历史上大部分依靠兵戈上位的皇帝，开国之后为了巩固自己的政权总会削除大部分开国功臣的兵权。削除兵权的方式有两种：一种是和平解决，另一种就是随便加个罪名，"名正言顺"地铲除。

历史上和平削除兵权的例子不多，例如唐太宗李世民、宋太祖赵匡胤。而上位后杀害功臣的皇帝有很多：汉朝开国皇帝刘邦、明朝开国皇帝朱元璋等。他们的开国功臣中，只有极少数懂得功遂身退道理的人才幸免于难。

韩信就是因为不懂得功遂身退而惨遭杀害的典型。

可以说，刘邦的江山有一大半是靠韩信打下来的。韩信功高盖主，在刘邦当皇帝之后本应该想到这点，然而还是以功臣自居。刘邦却想到了这点，为了巩固自己的皇帝地位，上台后便削弱韩信的势力，把当时还是齐王的韩信封为楚王，使他远离自己的发迹之地。随后又有人告发韩信"谋反"，刘邦又将韩信贬为淮阴侯。几个月后，吕后又和刘邦演了一出双簧：刘邦前脚带兵出征，吕后后脚就让萧何将韩信诱至长乐宫，冠以谋反之罪，将之杀掉。

同韩信并称"汉初三杰"的张良则懂得这个道理。刘邦即位后，大封功臣，张良再三推辞，最后只领留侯的头衔，坚决不受三万户食禄，不再提以前的丰功伟业，过着隐逸恬淡的生活。

学会适时地功遂身退，对于保存自己的名节、延长自己的寿命都很有益处。

第十一章

三十辐①共一毂②，当其无，有车之用③。埏埴④以为器，当其无，有器之用。凿户牖⑤以为室，当其无，有室之用。故有之以为利，无之以为用⑥。

注释

①辐：车轮上的辐条，古时的车轮由三十根辐条支撑。

②毂(gǔ)：车轮中心穿车轴的圆木。

③当其无，有车之用：车毂中有了空的地方，才有车的作用。无，指车毂中空处。

④埏埴(shān zhí)：用黏土制作陶器。埏，揉。埴，黏土。

⑤户牖(yǒu)：门窗。

⑥故有之以为利，无之以为用：有是物体形成的条件，无是物体功用之所在。

译文

三十根辐条共同支撑着车毂，中间必须留出空处，才能发挥车的作用。把黏土放进模具做成器皿，有了器皿的中空，才能发挥盛放物品的作用。开凿门窗建造房屋，有了门窗四壁的中空，房屋才能有居住的作用。所以，有是物体形成的条件，无才是物体的功用之所在。

解读

本章通过列举车子、器皿、房屋的例子，阐明有和无的对立统一关系。

"有"因为有物质存在，车子、陶器、房屋都是有形的。"无"虽然没有物质存在，却有空间供我们使用。

"有"和"无"的关系，就是"利"和"用"的关系。物质存在的"利"是使用价值的前提条件，自身价值的"用"是使用价值的决定性因素。"利"和"用"的关系是相辅相成、不可分割的，在时间上没有先后，在主次上没有本末。然而，人们看待问题的时候，是处在"有"的层面的，即能看到的表面现象，只有守住其对立面的"无"，也就是其内在的本质，才能更好地认识事物。

对于个人而言，"无"指的是内心的精神力量。只有掏空自己，让内心归于平静，才能真正做到"无"，专心致志地做事，才容易取得成功。

治国的根本在于神圣的法律，而不是有为的统治者。只要具有了高度的政治文明和精神文明，国家自然有持久的繁荣和稳定。

第十二章

五色①令人目盲②,五音③令人耳聋④,五味⑤令人口爽⑥,驰骋⑦畋⑧猎令人心发狂⑨,难得之货令人行妨⑩。是以圣人为腹不为目⑪,故去彼取此⑫。

注释

①五色:指青、黄、赤、白、黑,此处泛指色彩多种多样。
②目盲:形容人眼花缭乱。
③五音:指宫、商、角、徵、羽,这里指多种多样的音乐声。
④耳聋:比喻听觉不灵敏,辨不清五音。
⑤五味:指酸、甜、苦、辣、咸,这里指多种多样的味道。
⑥爽:指味觉出了问题。
⑦驰骋:纵横奔走。
⑧畋(tián):打猎。
⑨心发狂:内心激荡而不可遏制。
⑩妨:妨碍,损害。
⑪为腹不为目:只为温饱生存,不求纵情声色。腹,指正常的物质需求。目,指声色等外界的各种欲望。
⑫去彼取此:抛弃物欲,只要温饱。彼,指外。此,指内。

译文

五彩缤纷的颜色使人眼花缭乱,繁杂的声音使人听觉失灵,香馥芬芳、浓郁可口的食物使人舌不知味,纵马驰骋围猎使人心情激荡而不可遏制,金玉宝物使人德行败坏。因此,圣人只求三餐温饱,不追逐声色

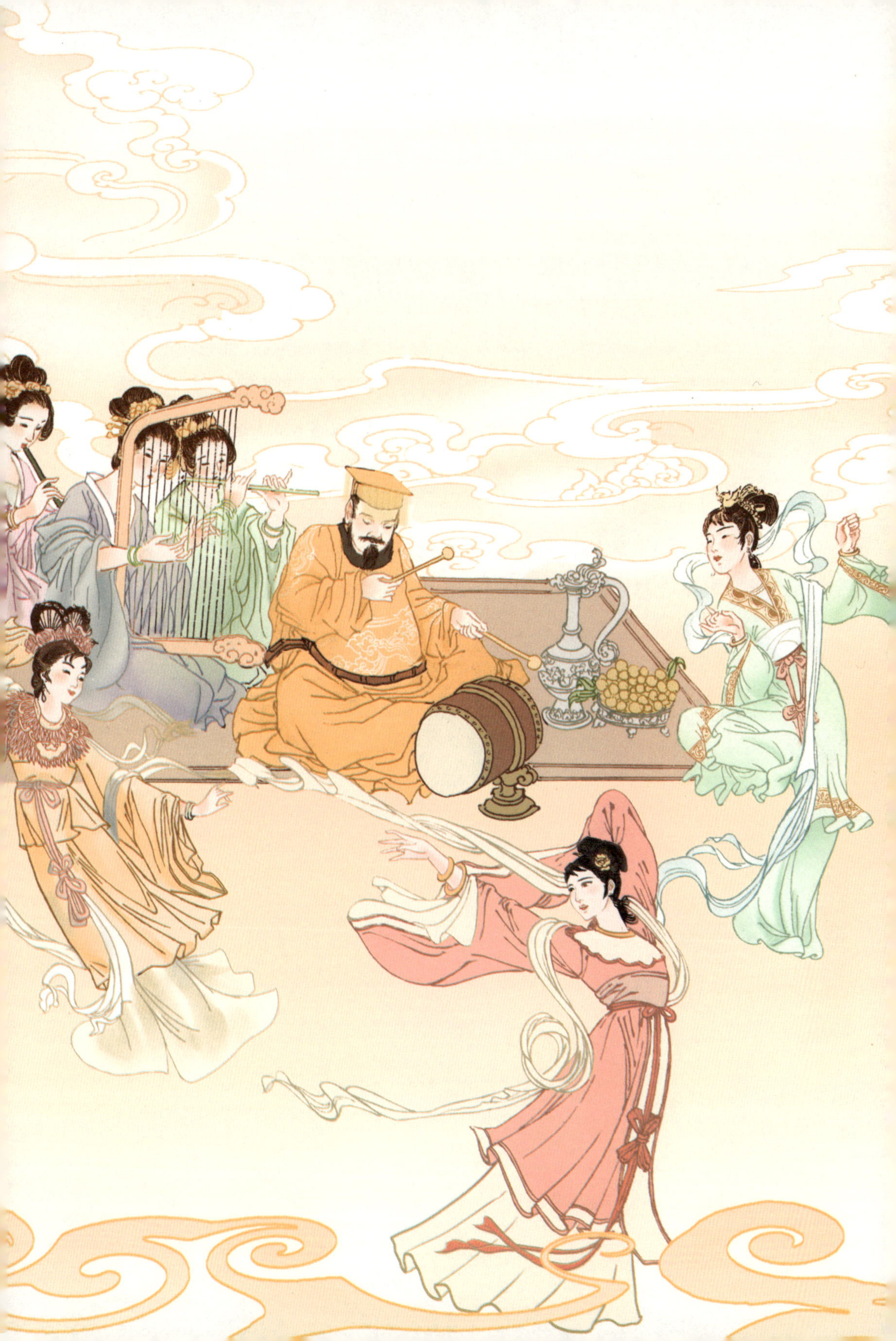

犬马等外在诱惑，使生活保持稳定正常。

解 读

本章揭示了"为腹"与"为目"的辩证关系。

人生来就是有欲望的。眼睛看到的事物，相对于心灵感受到的事物而言，是有局限性的。如果人们只关注纷繁的外部世界，而忽视精神世界，就会看不到更多精彩，从而变得迷茫。只关注外在的声音，而忽略了心灵的呼唤，就会听不到最真实、最动听、最感人的大道的声音，从而变得寂寞痛苦。如果一味贪图口福，就会违背心灵对无味却又韵味无穷的大道的渴求。

心灵本是宁静、充实的，一个没有丰富内心世界的人，必定会为了满足外部感官的需求而忽视心灵的渴求。这就是心灵迷失的缘故。

所以，圣人通过对外部世界具体事物的认识来总结规律，并通过实践来检验，但是不会只把目光停留在外部世界上，而是清心寡欲，平静充实，体验生命真正的自由和快乐。

第十三章

宠辱①若惊，贵大患若身②。何谓宠辱若惊？宠为下③。得之若惊，失之若惊，是谓宠辱若惊。何谓贵大患若身？吾所以有大患者，为吾有身。及吾无身，吾有何患④？故贵以身为天下，若可寄天下；爱以身为天下，若可托天下⑤。

注释

①宠辱：荣宠和侮辱。

②贵大患若身：重视自身就好像重视祸患一样。贵，珍贵，重视。

③宠为下：受到宠爱是卑下的事情。

④及吾无身，吾有何患：如果我没有自身的私利，有什么大患可言呢？

⑤"故贵"句：所以，只有愿意忘我治理天下的人，才可以把天下交付于他；只有不顾自身来治理天下的人，才可以把天下托付于他。

译文

得到宠爱或遭受侮辱，都像是受到惊吓一样，重视自身就好像重视祸患一样。为什么得宠和受辱都感到惊恐不安？

因为宠爱是卑下的，得到它会感到惊喜，失去它会感到不安，这就叫宠辱若惊。为什么重视自身就如同重视祸患一样？我之所以有大患，是因为太过于看重自身的存在。倘若没有了自身的存在，我哪里还有什么祸患呢？因此，只有愿意忘我治理天下的人，才可以把天下交付于他；只有不顾自身来治理天下的人，才可以把天下托付于他。

解读

本章通过论述荣辱、贵贱、上下的辩证关系，体现了老子的贵民、爱民思想。

在老子看来，因得宠而惊喜、因失宠而不安的人，过于看重自身，荣辱观念太重使得他产生名利之心、贪争之念，从而导致大祸患。这种视宠为上的人，正是卑下之人。重名利的人，目光短浅；轻名利的人，目光长远。圣人到达忘我的境界，超越了功利、荣辱、得失，乃至生死，一心为民，所以不会产生祸患。

治身之道也是治国之道。如果百姓把治理天下的权力托付给统治者，那么，统治者一定要把百姓看得比自身重要。若统治者认为权力更重要，就必须让权力属于百姓；如果百姓把谋求福利的希望寄托于统治者，那么统治者就一定要以爱护自己的心去爱护百姓。若统治者认为爱护自己就是要为自己谋福利，就必须让福利属于百姓，这样才能得到这些福利。

第十四章

视之不见名曰夷①，听之不闻名曰希②，搏之不得名曰微③。此三者不可致诘④，故混而为一⑤。一者，其上不皦⑥，其下不昧⑦。绳绳⑧不可名，复归于无物⑨。是谓无状之状、无物之象，是谓惚恍⑩。迎之不见其首，随之不见其后。执古之道，以御今之有⑪。能知古始⑫，是谓道纪⑬。

注释

①夷：无形。

②希：无声。

③微：无形。夷、希、微三个名词都是用来形容人的感官无法把握住道。这三个名词都是幽而不显的意思。

④致诘(jié)：追问，追究。诘，意为追问、究问、反问。

⑤一：此处指道。

⑥皦(jiǎo)：清白，清晰，光明。

⑦昧(mèi)：阴暗。

⑧绳(mǐn)绳：无边无际，纷纭不绝。

⑨无物：无形态。

⑩惚恍：似有似无，闪烁不定。

⑪有：指世间万事万物。

⑫古始：宇宙的原始。

⑬道纪：道的纲纪。纪，准则，法度。

译 文

怎么看也看不见叫作"夷";怎么听也听不到叫作"希";怎么摸也摸不到叫作"微"。这三者难以区分开来,它们原就合为一体。这个"一",它的上面既不显得光明亮堂,它的下面也不显得阴暗晦涩,绵延不绝却又不可名状,一切运动又都回到了无形无象的状态。这就是没有形状的形状,没有物象的形象,这就是"惚恍"。从前方去接近它,看不见它的头,从后面去追赶它,看不见它的尾。把握着早已存在的道,用来驾驭现实存在的具体事物,能认识、了解宇宙的初始,这叫作道的纲纪。

解 读

老子在本章描绘了用心灵感知的无的境界,说明了道是认识真理的真正源泉。

无的境界是一种没有任何现象的现象,是谓"无状之状,无物之象",是谓"惚恍"。然而,一切都可以从这种无开始,其始点也就是宇宙的起点,也是道的起点。

道的境界是清晰、明亮的,它的上面不耀眼,下面也不昏暗。你所直觉之景物,无视觉障碍,无上下内外之分。这种状态、景象是对心灵而言,对自我而言则"无状""无象"。虽然道看不见,但是道是循环往复、无始无终、不停流动的,是主宰我们的生命、主宰世界的。

修道者执着于古人认识世界的方式,排斥今人只追求外在名利的思想观念。了解事物发展变化的规律,才能把握世界,把握自己的命运。

老子号召人们不要在违背自然规律的道路上走下去,要认识到自身的渺小,走返璞归真之路。

第十五章

　　古之善为士者①，微妙玄通，深不可识。夫唯不可识，故强为之容②：豫③兮，若冬涉川；犹④兮，若畏四邻⑤；俨⑥兮，其若客⑦；涣⑧兮，若冰之将释；敦⑨兮，其若朴；旷⑩兮，其若谷；混⑪兮，其若浊。孰能浊⑫以止，静之徐清？孰能安⑬以久，动之徐生？保此道者不欲盈⑭。夫唯不盈，故能蔽而新成⑮。

注 释

①善为士者：指善于行道之人。

②容：形容，描述。

③豫：犹豫，这里用以形容行为之瞻前顾后。

④犹：形容警觉、戒备的样子。

⑤若畏四邻：形容不敢轻举妄动。

⑥俨：形容端谨、庄严、恭敬的样子。

⑦客：一本作"容"，当为客之误。

⑧涣：形容顺应潮流。

⑨敦：形容敦厚老实的样子。

⑩旷：形容心胸开阔、旷达。

⑪混：形容浑厚含蓄的样子。混，与浑通用。

⑫浊：动态。

⑬安：静态。

⑭不欲盈：不求自满。盈，满。

⑮蔽而新成：指去故更新。

译文

古时善于行道的人，见解微妙且深刻玄远，不是一般人可以理解的。正因为他难以理解，所以只能勉强地形容他：他小心谨慎啊，好像冬天踩着冰过河；他警觉戒备啊，好像处于强邻的包围之中；他恭敬郑重啊，好像要去赴宴做客；他顺应潮流啊，好像冰块缓缓消融；他淳朴厚道啊，好像没有经过加工的原料；他旷远豁达啊，好像深幽的山谷；他浑厚宽容啊，好像浑浊的江河。谁能使浊流不再汹涌，慢慢澄清？谁能在长久的安定之后，又使它慢慢显出生机？保持上述道的要义的人，不肯自满。正因为他从不自满，所以才能做到去故更新。

解读

本章通过对"善为士者"的形象描述，体现了有道者的伟大人格。

"善为士者"潜心修道，取得了成绩，也不会骄傲自满，而是始终保持高度的警惕性，就像冬天踩冰过河一样。他平等待人，无门户、宗族观念，不将人分为三六九等，对人和善友爱，十分真诚。他对四邻彬彬有礼，主动沟通交流，不因自己智慧过人而瞧不起别人。在为人处世上，他不任性妄为，爱人如己，敬重他人，对人有礼有节，不做违背道德的事。在事业上，他排除各种恩恩怨怨和名利之心对心灵的干扰，全心行道。

有道之士有广阔的胸怀和远大的志向，不会计较个人的名利得失，而是以忘我的精神，谋求所有人类的利益，想百姓之所想，急百姓之所急，始终以大道来充实内心世界，使自己的德行不断升华。因此，他们给人的印象总是诚实忠厚的。在有些人看来，劳碌一生而不为名利，是愚蠢的。其实，真正愚蠢的是那些执着于个人名利而失去了内心的充实与宁静的人。

　　得道之人明白盈满则亏的道理，所以做人做事总会留有余地，他们的生命总是处在一种适时、适当的平衡状态中。正因他永远不满，不会溢出，永远不会走到尽头，才能不断进步，不断取得新的成就。

第十六章

致虚极，守静笃①。万物并作②，吾以观其复③。夫物芸芸④，各复归其根。归根⑤曰静，是谓复命⑥。复命曰常⑦，知常曰明⑧。不知常，妄作，凶。知常容⑨，容乃公，公乃全，全乃天⑩，天乃道，道乃久，没身不殆。

注释

①致虚极，守静笃：达到极端的空虚无欲，坚守彻底的清净无为。极、笃，意为极度、顶点。

②作：生长、发展、活动。

③复：循环往复。

④芸芸：茂盛、纷杂、繁多。

⑤归根：复归于道。根，指道。

⑥复命：归复本源，重新孕育新的生命。

⑦常：自然法则。

⑧明：准确地认识和把握规律。

⑨容：宽容，包容。

⑩天：指自然。

译文

达到极端的空虚无欲，坚守彻底的清净无为。万物一起蓬勃生长，我从中观察其循环往复的道理。万物纷纷芸芸，各自返回它的本源。返回本源就叫静，从静中孕育出新的生命。孕育新的生命是正常的自然法则，准确地认识和把握这一法则，叫作明。不认识这一法则，就会因轻举妄动而做出凶险之事。能够认识自然法则的人是包容的，能包容就会坦然公正，公正就能周全，周全才能符合自然的道，符合自然的道才能长久，终生不会遭受危险。

解读

本章强调的是人们应当用虚静无为的状态，去面对世间万物的变化。

自失指的是在静坐中自我的躯体仿佛在意念中消失了，一切知觉都没有了，但自我的意念还存在。忘我指的是进入道的境界，自我的意念完全被道的景象所吸引，不再有任何忧愁，只有纯净的灵魂。守虚至诚，守静至笃，以不变应万变，才能进入道的境界。在道境中观察万物变化所得出的结论，是事物的一般规律。

懂得了自然法则，认识到万事万物的发展变化都有其自身的规律，才能按照规律行事，不强求自己，不以意气用事，做出有害生命的事情。

本章是老子对养生之道的阐述和论证。宇宙万物各归其根，然而归根必须复命。欲归根、复命，须守虚、守静。

在老子看来，无论是认识人生哲理，还是认识客观世界，其基本态度是"致虚""清净""归根"和"复命"，也就是回到一切存在的根源，回到一种完全虚静的状态。虚无是道的本体，是无穷无尽的。想要达到虚无，获得大智慧，就要排除物欲的诱惑，回归虚静无为的本真状态。

第十七章

太上①,下知有之②;其次,亲而誉之;其次,畏之;其下,侮之。信不足焉,安有不信。悠兮③其贵言④,功成事遂,百姓皆谓我自然⑤。

注释

①太上:至上,指最好的统治者。
②下知有之:人民只能感觉到他的存在。
③悠兮:悠远。
④贵言:珍惜言辞,即很少发号施令。
⑤自然:自己本来就如此。

译文

最好的统治者,人民只能感觉到他的存在;其次的统治者,百姓亲近他并称赞他;再次的统治者,百姓畏惧他;更次的统治者,百姓轻蔑他。所以,统治者的诚信不足,百姓是不会相信他的。最好的统治者仿佛是悠远的,很少发号施令,事情办成功了,老百姓会认为本来就是这样的。

解读

本章通过对不同统治者的对比,再次说明无为而治的重要性。

老子认为,如果统治者用严刑峻法来镇压百姓,实行残暴扰民的政策,百姓只会逃避他、畏惧他;如果统治者施行德治,百姓就会亲近他、赞扬他。统治者的诚信不足,百姓自然不会信任他;统治者谨言慎行,科学决策，百姓自然就会拥护他、爱戴他。统治者奉行无为之治，顺道而行，顺其自然，不勉强百姓，按照事物的发展规律行事，做到无为而无所不为，自然就能事半功倍。全国上下各得其所，各就其位，各行其是，各得其安，百姓安居乐业，社会安定和谐。

第十八章

大道废，有仁义；智慧①出，有大伪；六亲②不和，有孝慈③；国家昏乱，有忠臣。

注释

①智慧：聪明、智巧、智谋。
②六亲：父子、兄弟、夫妇。
③孝慈：孝子慈父，一本作孝子。

译文

大道被废弃了，才彰显出仁义的重要性；智巧出现了，狡诈和虚伪才盛行一时；六亲不睦了，才能显示出孝与慈；国家陷于混乱，才能看出谁是忠臣。

解读

本章是老子的政治论。老子从社会矛盾加剧的原因入手，分析解决这些社会矛盾的策略，指明了治国的具体措施。

老子深明矛盾的对立转化规律，矛盾的双方是互相对立、互相依存的，只强调一个方面，矛盾必然会向其相反的方面转化。

强调仁义，就会出现不仁不义；强调智慧，就会生出阴谋诡计。人们追求仁义和智慧，是因为身处大道废弛、社会纷乱、人心不古的时代。人们崇尚孝慈和忠贞，是因为家庭不和、奸臣当道。如果社会已经十分安定，人人都是淳朴善良的，仁义、智慧等就不需要强调了。就像一个身体健康的人，不会有求医的想法；一个内心世界丰富的人，不会去寻求外来刺激。老子要说明的是，舍弃大道而强调仁义、智慧，是舍本逐末的做法。对于治国来说，仁义、智慧虽然也有一定的药效，但治标不治本；而且仁义、智慧可以伪装，假仁假义，不易被识破。强调仁义、智慧的作用，是站在"有"的层面上说的，没有体会到"无"的奥义。

  本章针对仁义、智慧、孝慈和忠臣的负面效应进行了分析，指出强调仁义、出现大伪、六亲不和、国家昏乱的现象，都是大道废弛的结果。所以，老子要求人们树立合乎道的世界观、人生观和价值观，通过实践来把握世界的本质规律，以此指导人们正确处理人与自然之间、人与人之间以及自我与真我之间的矛盾。

第十九章

绝圣弃智①,民利百倍;绝仁弃义,民复孝慈;绝巧弃利,盗贼无有。此三者②以为文③不足,故令有所属④:见素抱朴⑤,少私寡欲。绝学无忧。

注释

①绝圣弃智:抛弃聪明与智巧。圣,自作聪明。智,智巧。
②此三者:指三种巧饰之物。
③文:文饰。
④所属:归属的地方。
⑤见素抱朴:外表单纯,内心淳朴。

译文

抛却聪明和智巧,百姓可以得到百倍的好处;抛弃仁与义的法则,百姓可以恢复孝慈的天性;抛弃机巧和私利,盗贼才能消失。以上三种巧饰之物,作为治理社会病态的法则是远远不够的,所以要使人们的思想认识有所归属:外表单纯,内心淳朴,减少私欲杂念。摒弃世俗之学,就能无忧无虑。

解读

本章中,老子提出了治国的三项具体措施,即"绝圣弃智""绝仁弃义""绝巧弃利"。

老子要求统治者杜绝自作聪明的独裁统治,抛弃"以智治国"的策略。

仁义思想是站在有为的层面上设言施教，引导人们弃恶从善，化解社会矛盾，但这是主观片面的。在阶级社会里，衡量仁义的标准是以统治者的利益为根据的。所以，仁义必然会成为统治阶级剥削和压迫百姓的精神工具。因此，老子提倡"绝仁弃义"，这样才能教化百姓。

以利己主义的人生观来指导人生，在物质利益的诱惑下，盗贼和小偷就会出现。"绝巧弃利"是对个人主义和利己主义的彻底否定。

"绝圣弃智""绝仁弃义""绝巧弃利"，这是解决社会矛盾的三种具体方式，做到这三点，才能使人们"见素抱朴，少私寡欲"，使社会和谐、国家安定。

第二十章

唯之与阿①,相去几何?美之与恶②,相去何若?人之所畏③,不可不畏。荒兮④,其未央⑤哉!众人熙熙⑥,如享太牢⑦,如春登台⑧。我⑨独泊⑩兮,其未兆⑪,如婴儿之未孩⑫;儽儽⑬兮,若无所归!众人皆有余⑭,而我独若遗⑮。我愚人⑯之心也哉,沌沌兮!俗人昭昭⑰,我独昏昏⑱。俗人察察⑲,我独闷闷⑳。澹㉑兮,其若海;飂㉒兮,若无止。众人皆有以㉓,而我独顽似鄙㉔。我独异于人,而贵食母㉕。

注释

①唯之与阿:唯,应诺之声。阿,呵斥、责备之声。

②美之与恶:美丑、善恶。美,一本作善,恶作丑解。

③畏:惧怕,畏惧。

④荒兮:无边无际,形容广漠、遥远的样子。

⑤未央:未尽,未完。

⑥熙熙:熙,快乐,用以形容纵情奔欲、兴高采烈的情状。

⑦享太牢:参加丰盛的宴席。太牢,古代帝王祭祀社稷时使用的牛、羊、猪三牲。

⑧如春登台:好似在春天登上高台,极目远望。

⑨我:可以将此"我"理解为老子自称,也可理解为所谓"体道之士"。

⑩泊:漂泊。

⑪未兆:没有征兆、没有预感和迹象,形容无动于衷、不炫耀自己。

⑫孩:通"咳",形容婴儿的笑声。

⑬儽(léi)儽:疲倦不堪的样子。

⑭有余：感到满足。

⑮遗：不足。

⑯愚人：蠢笨的人。这里是作者以反话自嘲。

⑰昭昭：炫耀自己。

⑱昏昏：糊涂的样子。

⑲察察：精于计算。

⑳闷闷：糊涂、不清楚。

㉑澹(dàn)：辽阔，辽远。

㉒飂(liù)：狂暴的风。

㉓有以：有用，有为。

㉔顽似鄙：形容顽愚而鄙陋。

㉕贵食母：以守道为贵。母用以比喻道，说明道是生育天地万物之母。

译文

应诺和呵斥，相差有多远？美好和丑恶，又相差多远？人们所畏惧的，我也不能不畏惧。盲从之风，自古如此，何时止息！众人兴高采烈，如同去参加盛大的宴席，又如同在春天登台眺望美景。而我却独自漂泊，不知去向何处，有如初生的婴儿连笑也不会笑。我疲倦闲散，像长途跋涉的游子没有归宿。众人都感到满足，而唯独我好像心有不足。我真是只有一颗愚人的心啊，终日混混沌沌。众人光耀自炫的时候，只有我昏昏昧昧；众人精于计算的时候，唯独我茫然无知。我沉静的样子，像辽阔的大海无边无缘；飘逸的样子，如肆虐的狂风横扫万里没有尽头。世人都有所作为，唯独我愚昧且拙陋。我和世人如此不同，只因我重视取法为道。

解读

本章通过对有道之人和俗人、常人的反复对比，体现了有道者精神

的自由和人格的伟大。倡导人们追求返璞归真的人生，不要舍本逐末，只追逐外在名利。

我们应知礼、行善，但这种礼和善应是发自内心的，而不是将礼和善作为自己的面具，作为追名逐利的手段，这样的假礼和伪善，是应该唾弃的。在无道的社会里，只有无理霸道、奸诈机巧的人才吃得开，真正的善人却不可避免地成为他们欺压的对象。因此，人心不古，社会纷乱，道德日趋没落。处在这样的社会里，谁还关心自己的心灵呢？于是，人们的心灵荒芜了，像是无边无际的沙漠。这正是"人之所畏，不可不畏"的缘故。人们所害怕的是无名无利，也正是名和利，才使得人们荒芜了心灵，而心灵的荒芜才是真正可怕的啊！

众人皆求"有"，取得了一点点小名小利，就沾沾自喜，在不知不觉中迷失了方向，不知道什么是真正的幸福和自由。众人皆追逐外在的名利，而圣人明于大道，独求"无"，少私寡欲，心怀高远，沉浸于美好的精神归宿——大道之境，享受心灵的无限自由，一切按规律办事，不敢偏离大道随意发挥。

众人皆以"有"为贵，而圣人以"无"为贵。所以，得道者的价值观念及其独特的个性是不为众人所理解的。

【延伸阅读】

吴权借潮灭强敌

937年,交州牙将皎公羡杀害了安南节度使杨廷艺,篡夺了他的官职,杨廷艺的旧部将吴权因此起兵攻打皎公羡,两军在交州展开了激战。皎公羡向南汉王刘䶮求援。刘䶮早就对交州存有觊觎之心,只是苦于没有借口,现在正中下怀。于是,他急派儿子刘弘操率军讨伐,自己统军驻扎在海门。

崇文使萧益则忧心忡忡,向南汉王进谏道:"海道非比陆路,此去路途遥远险阻。而且吴权素来狡诈闻名,我军万不可贸然行动,还是要考虑周全。""现在顾不得这些了,不要多说了。"南汉王主意已定,听不进任何劝告。

不久,刘弘操的队伍赶到了交州海湾入口处。遇到吴权军的几只小船,正开过来向南汉军挑战。刘弘操命令各船全速前进。

吴权军见南汉军船队开进交州,便调转船头逃跑。南汉军紧紧追赶,企图把他们一举消灭。就在南汉军深入交州海湾的时候,海水开始落潮了。吴权军的小船顺利地溜走了,可南汉军的战船行动不便,就在他们想调转船头时,船底突然触碰到硬物,动弹不得。

这时,早已埋伏好的吴权军纷纷出击,南汉军难以应对,许多士兵落水淹死,刘弘操自己也战死了。

原来,吴权早得知南汉军要来进攻,便利用海水涨潮落潮的规律,在海湾设下铁尖木桩阵,用轻便小船引诱敌军进入伏击圈,一举歼灭了南汉军。

违背自然规律行事,多半会失败。了解、遵循并善于利用自然规律,往往会达到事半功倍的效果。

亲民爱民的李允祯

李允祯，山东德州人，于1644年任直隶故城县知县。该县旧丁口册载16岁以上男丁一万多，经过战火摧残，实丁只剩七千多一点，可是仍按旧册数目征兵纳税。允祯正要行文上司照实丁计征，忽接调令去江南丰县任知县。人们劝允祯别管这里的事，他慨然说道："我还没有交差，要负责到底。"于是，在县府庭院召集县民，当众焚烧旧丁口册，连夜赶造新册，申请省府审批。故城的百姓因此没交浮粮，都对他感恩戴德。

后来，李允祯到丰县任职。有一年黄河决口，上级命令丰县征集柳条上万捆，县吏建议由各里甲办理送去。允祯说道："你们倒舒服，可是想没想老百姓就要鸡犬不宁了！县城西郊十里左右就是一大片柳林，无主的就可以砍伐，让有牛车户运输，由官家按时价租赁，你们照此速办。"最后，上级交给的任务只用了不到十天就完成了。

为民负责，为民做主，才是为官的正道、品行修炼的正途，这样才能被百姓称赞，受万世敬仰。

商鞅变法

商鞅，战国时期的卫国人，原本在魏国宰相公叔痤手下任中庶子，帮助公叔痤掌管公族事务，很受公叔痤的赏识。

公叔痤死后，商鞅失去了靠山，投奔到了秦国。商鞅的治国才能得到秦孝公的赏识，秦孝公任命商鞅为左庶长，让商鞅主持变法。

当时新兴地主阶级的封建生产关系已经登上政治舞台，社会正处于封建制取代奴隶制的大变革时期，商鞅变法适应了社会变革的需要。

商鞅提出了一系列富国强兵的办法，主要有废除井田制，"为田开阡陌封疆，而赋税平"，废除奴隶制土地国有制，实行土地私有制；鼓励垦荒以扩大耕地面积；建立按农、按战功授予官爵的新体制；废除分封制；普遍实行法治，主张刑无等级。

商鞅变法的内容基本都是促使社会发展的进步措施，当然会触及许多守旧派的利益。商鞅变法实施期间，各方的反对声音不断，可商鞅"舌战群儒"，坚持变法。公子犯法时，商鞅也毫不留情，对公子予以处罚。商鞅变法取得了显著成效，秦国变得国富兵强，秦孝公成为战国霸主，这为后来秦国统一天下奠定了坚实基础。

商鞅在秦国为相的十年，一直受到贵族旧室的忌恨，商鞅也难免感到孤寂和迷惘。这时，秦国名士赵良来见他。商鞅对赵良说："秦国的风俗原本和戎狄相似，我通过移风易俗加以改善，让人们父子有序，男女有别。我还为国家建造了高大的宫殿，把秦国治理得文明富强。难道我的功劳比不上从前的百里奚吗？"

赵良说："百里奚在秦国为相的六七年，秦国曾帮助晋国伐郑，三次帮晋国立了新君，又曾一度挽救了楚国的灾难。天下人无不折服，老百姓安居乐业；而你呢，国人犯了轻罪，反而要用重罚，简直把人民当成了奴隶。百里奚出门从不乘车，夏天也不打伞，也不需要大队警卫保护；而你每次出外都是车马几十辆，卫兵一大群，前呼后拥，老百姓吓得唯恐躲闪不及。百里奚的赫赫功业和高尚道德永远流传。百里奚死后，全国百姓痛哭流涕，就像死了亲生父亲一样，小孩子不再歌唱，舂米的也不再喊着号子干活，这就是百里奚的德行。一旦秦王去世，一定有不少人要来收拾你，你居然还想与百里奚比肩，真是可笑。我劝你不如及早交出封地，归隐山林，说不定还能终老林泉。否则，你很快就要败亡。"但是，商鞅听不进去。

商鞅变法实行严刑峻法，触及了上层保守派的利益，这给商鞅埋下了致命的败因。"商君相秦十年，宗室贵戚多怨望者。公子虔杜门不出已八年矣。"一旦有机可乘，上层保守派肯定会合而攻之。

秦孝公死后，公子嬴驷继位，就是秦惠文王，公子虔等人诬告商鞅谋反，并派人去逮捕商鞅。商鞅迫于无奈，最后只好回到自己的封地商邑，秦发兵攻打，商鞅在渑池被杀。秦惠文王连死后的商鞅也不放过，商鞅的尸身被带回咸阳，处以车裂后示众，商鞅的整个家族也被诛灭。

实施严刑峻法，使百姓畏惧，这不是高明的管理之道，或许短期内能起到一定的作用，可一旦时过境迁，就容易被反噬，将自己置于万劫不复的境地。

第二十一章

孔①德②之容③,惟道是从。道之为物,惟恍惟惚④。惚兮恍兮,其中有象⑤;恍兮惚兮,其中有物;窈兮冥兮⑥,其中有精⑦。其精甚真⑧,其中有信⑨。自今及古⑩,其名不去,以阅众甫⑪。吾何以知众甫之状哉?以此⑫。

注释

①孔:大。

②德:道在具体事物中的体现。

③容:动。

④惟惚:仿佛,不清楚。

⑤象:形象,具象。

⑥窈兮冥兮:幽深昏暗。窈,幽深。冥,昏暗不清。

⑦精:最微小的原质,极细微的物质性的实体。

⑧甚真:是很真实的。真,真切。

⑨信:信验,验证。

⑩自今及古:一本作"自古及今"。

⑪众甫:万物的起始。甫通"父",引申为始。

⑫以此:由道认识。

译文

大德的行动,遵从于道。道这个东西,没有清楚的固定实体。它是那样恍恍惚惚,其中却有形象;那样缥缈迷离,其中却有实物;那样幽深昏暗,其中却有精气。这精气是最真实的,这精气是可以信验的。从古

到今，它的名字永远不能废除，只有通过它才能观察万物的初始。我怎样才能知道万事万物起始的情况呢？是通过道知道的。

解读

本章是对道的境界的描述，表明人的认识和思想是来源于道的。

道存在的形式是飘忽不定的，没有固定的形态。但是自古至今，道是不会消失的，我们可以通过道来考察万事万物发展变化的规律。大道蕴藏着世间万物发生、发展及其变化的奥秘，识破了这些奥秘，才能树立正确的思想观念。

常人达不到道的境界，只有梦的境界，而梦的境界是虚幻不实的，对人生毫无益处。有的人只能置身现实境界，只能以物观物，以有识有，永远不能把握真理，参透人生。因此，人生就是迷茫的、痛苦的。只有达到道的境界，才能以本质印证现象，以大道印证现实，从而彻悟人生，彻悟宇宙真理。一个觉悟了的人，就是具备了道德的人，就是解脱了名利的羁绊、不为名利所累的幸福之人。

第二十二章

曲则全,枉①则直;洼则盈,敝②则新;少则得,多则惑。是以圣人抱一③为天下式④。不自见,故明⑤;不自是,故彰;不自伐⑥,故有功;不自矜,故长。夫唯不争,故天下莫能与之争。古之所谓"曲则全"者,岂虚言哉?诚全而归之。

注释

①枉:屈、弯曲。

②敝:陈旧。

③抱一:守道。抱,守。一,即道。

④式:范式,楷模。

⑤明:是非分明。

⑥伐:夸。

译文

委曲便会保全,屈枉便会直伸;低洼便会充盈,陈旧便会更新;少取便会获得更多,贪多便会迷惑。所以,有道的人坚守道的原则,作为天下的楷模。不自我表现,反能是非分明;不自以为是,反能声明昭彰;不自吹自擂,反能功勋卓著;不自高自大,反能领导众人。正因为不与世人相争,所以天下没有人能与他争。古时所谓"委曲便会保全"的话,怎么会是空话呢?它是实实在在能够达到的。

解 读

本章阐述了"曲则全"这一古人的智慧。指明不论是治身,还是治国,都必须以诚为本。只有心诚,才能成就大道。

道家所说的"曲则全"并不是为了保全自己而毫无原则地顺从别人,委曲求全。这里的"曲"必须是合乎道的、有规则的。

圣人治国,能够客观地、全面地看问题,明白上与下、官与民的辩证关系。要想真正治理好国家,就应当无执无为,不主观臆断、不随意发号施令,不停留于表面说教,而是寓教于实践,让人们自觉自愿地奉行道的标准。这样一来,全民的道德水平就会在不知不觉中得以提高,并且稳固持久,代代相传。

圣人治国,不固执己见,而是能够施行民主法治,自然而然接纳人民群众的意见和建议。"以百姓之心为心",政治必然会清明。确保言论自由,从而上情下达、下情上达,种种社会弊端就能够及时得到纠正。

圣人治国,始终保持谦逊的态度,不搞个人崇拜、不争功、不争名、不争利、不争位,并深明功成身退的哲理,进是为了人民,退也是为了人民。只有让后备力量跟上来,国家才能持久安定,社会才能持续发展。

大道至真,心诚则灵。具备了诚心,才能打开道的大门。圣人心诚于百姓,所以成为众望所归、人心所向的楷模。这就是"无私而成其私""不争,故天下莫能与之争"的道理。

第二十三章

希言①自然。故飘风②不终朝，骤雨③不终日。孰为此者？天地。天地尚不能久，而况于人乎？故从事于道者④同于道，德者同于德⑤，失者同于失。故同于道者，道亦得之；同于失者，道亦失之。信不足焉，有不信焉。

注释

①希言：指少说话，此处引申为统治者少施加政令、不扰民的意思。

②飘风：大风，疾风。

③骤雨：大雨，暴雨。

④从事于道者：按道办事的人，此处指统治者按道施政。

⑤德者同于德：寻求德的人要与德合一。

译文

少施政令不扰民是合乎自然的。所以，再大的狂风也刮不了一个早晨，再猛烈的暴雨也下不了一整天。谁使它这样的呢？是天地。天地尚不能让疾风骤雨持久，更何况是人呢？因此，从事于道的就要同于道，从事于德的就要同于德，失道失德的人同于失。同于道的人，道也乐于得到他；同于失道失德的人，失道失德也乐于得到他。诚信不足，百姓就不会再信任他。

解读

老子在本章举大风、暴雨的例子说明自然现象容易变化，而人的行为更容易变化，只有事物的本质才是不变的。

人要透过现象看到本质并不是一件容易的事情。人能看到事物的本质就是得到了道。看不到道，就叫作失。人若想得道，就要持续不断地追求事物的本质。

人类的实践活动一定要符合自然规律，要量力而行，不能激进行事，否则不会取得预期的效果。求道不是一蹴而就的，要做好长期努力的准备，既要有诚心，又要持之以恒。

狂风暴雨不能整天刮个不停、下个没完。天地掀起的暴风骤雨都不能够长久，更何况人滥施暴政、虐害百姓呢？这个比喻十分贴切。老子告诫统治者要遵循道的原则，遵循自然规律，暴政是长久不了的。如果统治者清净无为，那么社会风气就会安宁平和；如果统治者恣意妄为，那么百姓就会抗拒他；如果统治者诚信不足，那么百姓就不会再信任他。纵观古今中外的历史，施行暴戾苛政的统治者有几个有好下场呢？

第二十四章

企^①者不立,跨^②者不行,自见者不明,自是者不彰,自伐者无功,自矜者不长。其在道也,曰余食赘行^③,物或恶之,故有道者不处。

注释

①企:翘起足,用脚尖站立。
②跨:跃,越过,加大步伐,快速行走。
③赘(zhuì)行:这里指多余的形体,因饱食而使身上长出多余的肉。赘,剩余。

译文

踮起脚跟想要站得高,反而站立不住;迈起大步想要前进得快,反而难以远行。自逞己见反而得不到彰明;自以为是反而得不到显昭;自吹自擂反而难有功勋;自高自大反而不能服众。从道的角度看,以上这些行为,只能说是剩饭赘瘤。这些行为惹人厌恶,所以有道的人绝不这样做。

解读

本章列举了不懂道的人的几种表现,告诉人们做事要脚踏实地,循序渐进,不能自高自大,好高骛远。

老子将"物"拟人化,说物不会喜欢不懂道的行为。因为物总是按道的规律运行。所以,那些踮起脚跟、迈起大步、自逞己见、自以为是、自吹自擂、自高自大的行为,都是多余的、无益的,绝不会长久。根本没有不按道的规律运行的物，硬要物不按规律运行，怎么可能呢？凡是懂得了道的人，就不会去做违反道的事情。

一切形式的主观、激进的行为都是背道而驰的。我们只有遵循量变质变规律，保持诚心和恒心，脚踏实地，循序渐进，才能达到目的。

第二十五章

有物混成①，先天地生。寂兮寥兮②！独立而不改③，周行④而不殆，可以为天地母⑤。吾不知其名，字之曰道⑥，强为之名曰大⑦。大曰逝⑧，逝曰远，远曰反⑨。故道大，天大，地大，王亦大⑩。域中⑪有四大，而王居其一焉。人法地，地法天，天法道，道法自然⑫。

注释

①有物混成：物，指道。混成，混然而成，指浑朴的状态。

②寂兮寥兮：没有声音，没有形体。

③独立而不改：独立生存，永不改变。

④周行：循环运行。

⑤天地母：天地万物由道而产生，故称道为母。母，指道。

⑥字之曰道：将它命名为道。

⑦大：形容道是无边无际、无所不容的。

⑧逝：指道运行不息的状态。

⑨反：通"返"，意为返回原点，返回原状。

⑩王亦大：这里的王是民众的代表，人乃万物之灵，与天地并立而为三才，即天大、地大、王亦大。

⑪域中：即空间之中，宇宙之间。

⑫道法自然：道本性自然。

译文

有一物浑然天成,在天地形成以前就已经存在。听不到它的声音也看不见它的形体,它不依靠任何外力而独立长存,循环运行而永不衰竭,可以作为万物的根本。我不知道它的名字,所以只好称它为"道",再勉强给它起个名字叫作"大"。它广大无边而运行不息,运行不息而伸展遥远,伸展遥远而又回归本原。所以说道大、天大、地大、王也大。宇宙间有四大,而王只居其中之一。人取法地,地取法天,天取法道,而道本性自然。

解读

道是万物的根本,蕴含着真理。人类要想把握真理,就必须识道。所以,道既是认识的对象,又是认识的方法、实践的方法。道的概念,并不是虚构的,而是直觉思维和理性思维相结合的产物。

老子将世界的本体称为道,意在说明认识世界的本体才是认识世界的正确道路,而道的运动、发展、变化所体现出来的对立统一规律就是人类必须遵循的人生法则和社会法则。

老子道的哲学理念为人类指明了合乎自然规律的治身之道和治国之道。王作为国家的统治者,应当心存大道,明白平凡与伟大的辩证关系,倘若他自以为大,那就说明,这时的王已经"死"了,因为,他已经远离了人民,与人民为敌,这样一来,就会在人民的反抗中诞生新的王。

第二十六章

重为轻根,静为躁君①。是以君子②终日行,不离辎重③。虽有荣观④,燕处⑤超然。奈何万乘⑥之主,而以身轻天下⑦?轻则失本⑧,躁则失君。

注释

①躁君:躁,动。君,主宰。
②君子:指理想之主。
③辎(zī)重:军用器械、粮草、营帐、服装等的统称。
④荣观:华丽的生活,美好的景观。
⑤燕处:安居之地,安然处之。燕,安。
⑥万乘:拥有兵车万辆的大国。
⑦以身轻天下:轻率治国不自重其身。
⑧轻则失本:轻举则丧失根本。

译文

稳重是轻率的根本,沉静是浮躁的主宰,因此君子终日行走,从不离开粮草行李。虽有美景奇观,却能安然处之,从不沉溺其中。那为什么大国的君主,还要轻率躁动地治理天下呢?轻率就会失去根本,急躁就会丧失主宰。

解读

一切事物都有两个不同的方面,如果用一条线段来表示一个事物,就必然有两个不同的端点。人做事情不能走极端,而要尽量找到一个平衡点。比如，人在看到"荣"时，要能超越"荣"而看到对立面的"辱"；在处于好的状态时，要能超越这个好的状态而看到不好的状态，并避免进入不好的状态。

本章阐明了老子的民重君轻思想，从治身之道过渡到治国之道，辩证地分析了重与轻、静与躁的关系，指明统治者应该以民为国家之根，以德为治国之本。

就一身而言，魂为一身之主，身重魂轻；就一国而言，君为一国之主，民重君轻。既然民重君轻，大国君主为什么重自身而轻百姓呢？帝王不道必然会失去民心，失去民心，也就失去了帝王之本。失去民心，人民群众就会奋起反抗，君主之位就会被夺走。

第二十七章

善行无辙迹①；善言②无瑕谪③；善数④不用筹策⑤；善闭，无关楗⑥而不可开；善结，无绳约⑦而不可解。是以圣人常善救人，故无弃人；常善救物，故无弃物，是谓袭明⑧。故善人者，善人之师；不善人者，善人之资⑨。不贵其师，不爱其资，虽智大迷。是谓要妙⑩。

注释

①辙迹：轨迹，行车时车轮留下的痕迹。

②善言：善于言谈。

③瑕（xiá）谪（zhé）：过失，缺点，毛病。

④数：计算。

⑤筹策：古代用竹制的计数的器具。

⑥关楗（jiàn）：门闩，古代家户里的门上的开关。

⑦绳约：绳索。

⑧袭明：内敛聪明。袭，覆盖。

⑨资：财富。

⑩要妙：精要玄妙，深远奥秘。

译文

善于行走的，不会留下足迹；善于言谈的，不会在言语上留下破绽；善于计算的，不用筹码；善于闭守的，不用门闩却使门不可开；善于捆绑的，不用绳索而使人解不开。因此，圣人善于经常援助他人，所以没有被遗弃的人；经常善于物尽其用，所以没有被废弃的物品，这就叫作内

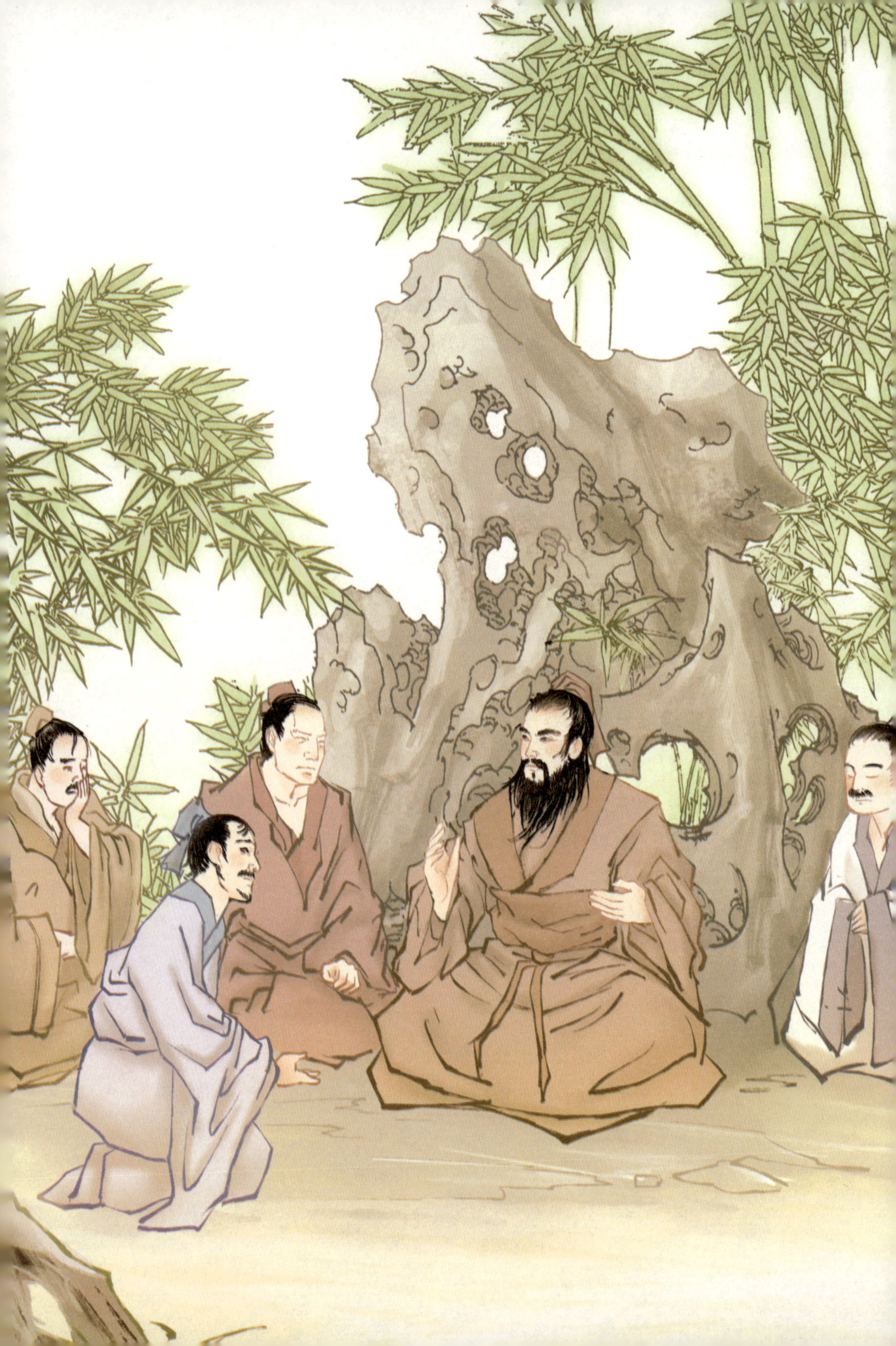

藏的智慧。所以，善人可以做善人的老师，不善人是善人的一种财富。不尊重他的老师，不爱护他借鉴的对象，虽然自以为绝顶聪明，其实已经陷入糊涂之中。这就是精深微妙的道理。

解读

道是宇宙永不变更的本质规律，掌握了道的本质，就能够站在不变的立场上分辨出千千万万的变化。道的世界是万物平等的世界，同样，现实世界也只有人人平等，知识、道德水平共同提高，才能实现人间的大同。

老子认为，做什么事情都有诀窍。懂得客观规律的人，办事不拖泥带水，不给别人带来不必要的麻烦。社会的治理也是如此，顺应自然规律，奉行无为而治，社会才能和谐安宁。

第二十八章

知其雄①，守其雌②，为天下豀③。为天下豀，常德不离，复归于婴儿④。知其白，守其黑，为天下式⑤。为天下式，常德不忒⑥，复归于无极⑦。知其荣⑧，守其辱⑨，为天下谷⑩。为天下谷，常德乃足，复归于朴⑪。朴散则为器⑫，圣人用之，则为官长⑬。故大制不割⑭。

注释

①雄：比喻刚劲、躁进、强大。

②雌：比喻柔静、软弱、谦下。

③豀（xī）：沟溪。

④婴儿：象征纯真、稚气。

⑤式：楷模，范式，模式。

⑥忒（tè）：过失，差错。

⑦无极：无穷。

⑧荣：荣誉，宠幸。

⑨辱：侮辱，羞辱。

⑩谷：深谷、峡谷，比喻胸怀广阔。

⑪朴：朴素，指纯朴的原始状态。

⑫器：器物，指万事万物。

⑬官长：百官之长，即君主。

⑭大制不割：完善的制度浑然如一。制，制作器物，引申为制度。割，割裂。

译文

深知什么是雄强,却安守雌柔的地位,甘愿做天下的溪涧。作为天下的溪涧,永恒的德行就不会丧失,再回归到婴儿般单纯的状态。深知什么是明亮,却甘居幽暗的位置,愿做天下的榜样。甘愿做天下的榜样,永恒的德行就不会出差错,回复到无尽的真理。深知什么是荣耀,却安守卑辱的地位,甘愿做天下的川谷。甘愿做天下的川谷,永恒的德行才得以充足,回复到自然本初的真朴状态。真朴的道分散成宇宙万物,有道的人沿用真朴,则为百官之长,所以完美的体制浑然如一。

解读

本章通过雄雌、白黑、荣辱的辩证关系,描绘出圣人返璞归真的状态,展现了老子的治国思想。

治国之法源于治身之法,治理天下顺应自然规律,才可以造就和谐安定的社会风气。

人们都崇尚强者,所以法律应该保护弱者,为天下寻求平衡;为天下寻求平衡,法律就不会偏离大道,社会才会复归于自然、淳朴的状态。人们都向往光明,所以法律应该惩处黑暗,为天下寻求真理;为天下寻求真理,法律就不会出现差错,从而使社会法则复归于大道。人们都崇尚高贵,所以法律应当关注卑贱,为天下填平高贵与卑贱的鸿沟;为天下填平高贵与卑贱的鸿沟,法律才能具足道德,社会才会复归于淳朴。

第二十九章

将欲取①天下而为②之，吾见其不得已③。天下神器④，不可为⑤也。为者败之，执者失之。故物⑥或行或随⑦，或嘘或吹⑧，或强或羸⑨，或挫或隳⑩。是以圣人去甚，去奢，去泰⑪。

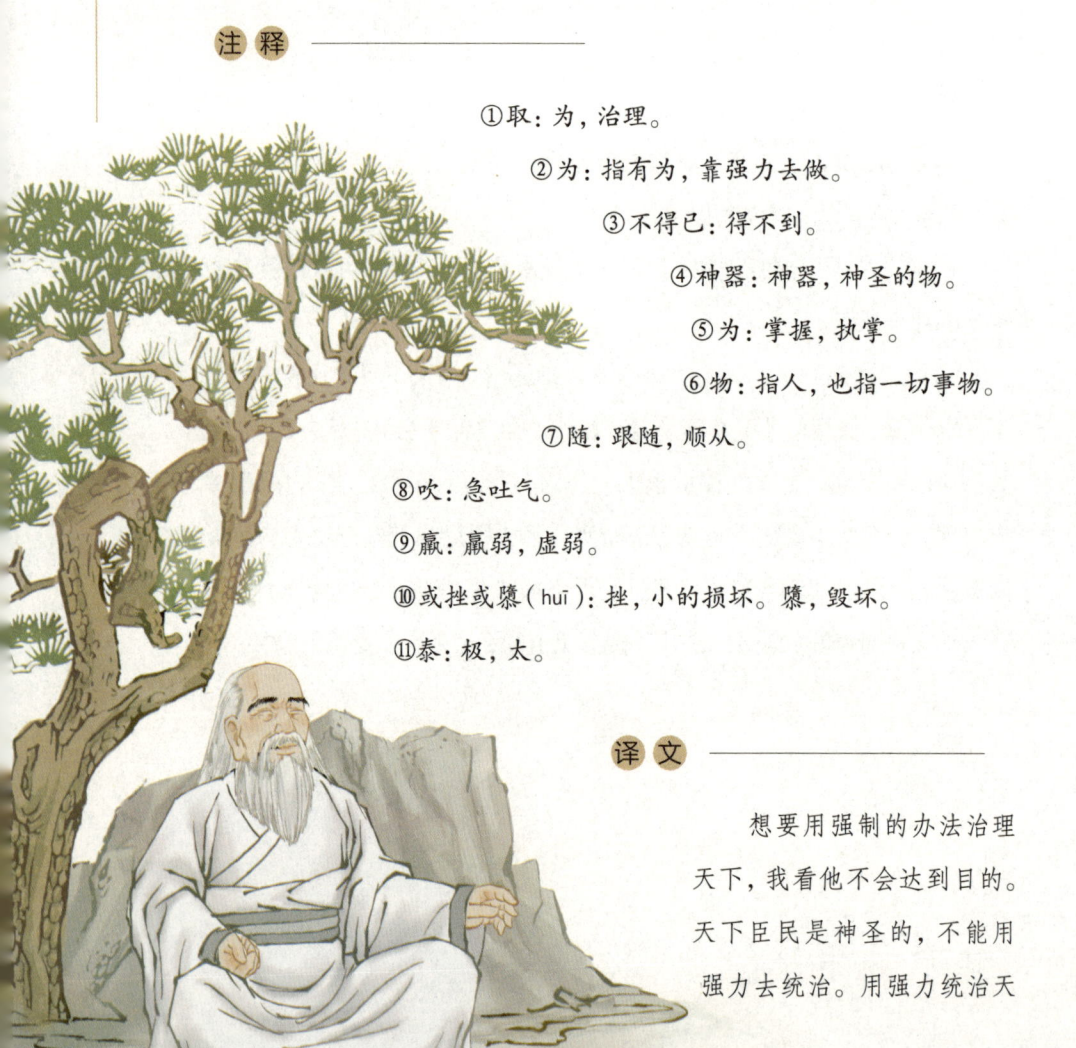

注释

①取：为，治理。

②为：指有为，靠强力去做。

③不得已：得不到。

④神器：神器，神圣的物。

⑤为：掌握，执掌。

⑥物：指人，也指一切事物。

⑦随：跟随，顺从。

⑧吹：急吐气。

⑨羸：羸弱，虚弱。

⑩或挫或隳（huī）：挫，小的损坏。隳，毁坏。

⑪泰：极，太。

译文

想要用强制的办法治理天下，我看他不会达到目的。天下臣民是神圣的，不能用强力去统治。用强力统治天下，就一定会失败；强力把持天下，就一定会失去天下。世人秉性不一，有前有后，有缓有急，有强有弱，有的小受挫折，有的全部毁坏。因此，圣人要除去那种过度的、奢侈的、极端的法度。

解读

本章以不道统治烘托圣人之治，表明紧紧抓着物不放是不可能得道的。

老子告诉人们，想用国家权力来谋求个人利益的人，是不会得逞的。执掌了国家政权，却不以天下为公，若以一人之心奴役天下人之心，必然失去政权。凡是不"以百姓之心为心"的统治者，都必将以失败而告终。

"去甚，去奢，去泰"，是圣人治国的办法。圣人治国不任意妄为，不用强力，不过度把持，而是顺应百姓的意愿和本性，顺应自然规律。如此，天下才能大治。

第三十章

以道佐人主者，不以兵强天下，其事好还①。师之所处，荆棘生焉；大军之后，必有凶年②。善有果③而已，不敢以取强④。果而勿矜，果而勿伐，果而勿骄，果而不得已，果而勿强。物壮⑤则老，是谓不道⑥。不道早已⑦。

注释

①还：报应，回报。
②凶年：荒年，灾年。
③果：成功，指达到获胜的目的。
④取强：逞强，好胜。
⑤壮：强壮。
⑥不道：不合乎于道。
⑦早已：很快完结。

译文

依照道的原则辅佐君主的人，不靠军队逞强于天下，穷兵黩武这种事必然会得到报应。军队所到的地方，荆棘横生。大战之后，一定会出现荒年。善于用兵的人，只要达到用兵的目的就可以了，并不以兵力强大而逞强好斗。即使达到了目的，也不因此自尊自大；即使达到了目的，也不因此夸耀；即使达到了目的，也不因此而骄傲；即使达到了目的，也认为是不得已而为之；即使达到了目的，也不逞强。事物过于强大就会走向衰朽，这就说明它不符合道，不符合道的，很快就会走向败亡。

解 读

本章表达了老子的军事思想和战争理论。

老子认为战争是迫不得已的行为,因此即便取得了战果,也不能妄自尊大。不自我炫耀,不骄横,不借武力来逞强,这才是真正的用兵之道。

以强凌弱,侵占他人领土和财富是不道的行为,是野蛮的霸权行为,一定会遭到正义力量的反抗。战争是残酷的,它使受害国生灵涂炭,田地荒芜,损失大量的人力物力。战后的国家恢复生息是一个漫长的过程,需要付出许多心血和财力。统治者不懂得用兵之道,贪得无厌,就会导致国家衰亡。

老子认为强兵的目的在于维护和平,抵御外来侵略,以确保国家和平发展。若自恃兵强而去逞强黩武,则是不道行为,不道的结果必然是国家过早地衰亡。

用兵之道是治国之道的重要组成部分。就一国而言,人民群众面对反动统治和阶级压迫,就会奋起反抗。至于国与国之间,则应感之以德,交之以道,从而实现共同的利益,尽可能不要诉诸武力。

道德经 第三十章

【延伸阅读】

张仪戏楚

公元前313年，秦王想要攻打齐国。齐、楚两国都参与了合纵联盟，关系紧密，秦王有些忌惮，便派大纵横家张仪前往楚国游说楚怀王，企图离间楚国和齐国。

楚怀王听说张仪来了，便盛情款待他，安排张仪住上等馆舍，并亲自前往住处接待。楚怀王说："您来到我们这个偏僻鄙陋的国家，是有什么指教吗？"

张仪对楚怀王说："大王如果能依臣所说，与齐国断绝往来、解除盟约，秦国愿意把商於一带六百里的土地献与楚国，并让秦国的女子给大王做侍妾，秦楚之间可以联姻，永远结为兄弟国家。这样一来，楚国向北可以削弱齐国的势力，向西也有利于秦国。没有比这更好的策略了。"

楚怀王非常高兴，采纳了张仪的意见。群臣来为楚怀王庆贺，唯有谋士陈轸忧心忡忡。楚怀王生气地说："我不费一兵一卒就可得到秦国六百里土地，还可以削弱齐国，并与强大的秦国结盟，大臣们都来庆贺，唯独你忧心忡忡，这是为什么呢？"

陈轸回答："事情没有这么简单，依臣看，商於一带的土地不可能得到，而秦国和齐国很可能会联合起来，这样一来，楚国就危险了。"

楚怀王问："你这么说有什么根据吗？"

陈轸回答说："秦国之所以对楚国有些忌惮，是因为楚国背后有齐国。如今若我们与齐国断交，楚国就孤立无援了。秦国又怎么会看重一个孤立无援的国家，而白送它六百里地呢？张仪回到秦国后，一定会背叛诺言。这样一来，楚国北面与齐国断交，西面招来秦国的祸患，齐秦两国的军队一定会一起来攻打楚国的。

"我替大王想了一个应对之计。我们倒不如与齐国表面断交、暗中合作。然后，您派人跟随张仪去秦国，假如秦国真的把土地割让给我们，再与齐国断交也不迟；若秦国并没有给我们土地，我们就与齐国联合，再作计议。"

楚怀王被六百里土地的巨大利益所诱惑，根本听不进去，他说："我主意已定，你就不要再说了。"

于是，楚国和齐国断交了。楚怀王把楚国的相印授给张仪，还馈赠给张仪许多财物，然后派了一位将军跟着张仪到秦国去接收土地。

张仪回到秦国后，假装没拉住车上的绳索，从车上摔下来受了伤，一连三个月没上朝。楚怀王听说这件事后，以为张仪是嫌楚国与齐国断交不彻底，便派人去往宋国，借了宋国的符节，到齐国辱骂齐宣王。齐宣王大怒，毁弃与楚国的盟约，转而与秦国结交。

齐国与秦国建交后，张仪立刻来上朝了。他对楚国使者说："我有秦王赐予的六里土地，我愿把它献给楚国。"楚国使者说："我是奉楚王的命令，来接收商於的六百里土地的，没有听说过什么六里土地。"

楚国使者回国后把张仪的话告诉楚怀王，楚怀王大怒，欲发兵攻打秦国。陈轸劝说楚怀王："发兵攻秦，倒不如反过来割地贿赂秦国，再与秦国联合攻打齐国。这样我们割出的土地，可以从齐国得到补偿，我们的国家也可以保全。"楚怀王不听，发兵攻秦。秦齐两国已结盟，共同攻打楚国，结果楚军大败，秦齐夺取了丹阳、汉中的土地。

人无远虑，必有近忧。楚怀王只顾眼前的小利，而没有长远考虑，不但没有得到好处，反而失去了更多土地。

魏文侯问相于李克

魏文侯对宰相的人选拿不定主意，便去征求宾客李克的意见。问他："先生曾说过：家贫要有贤妻，国乱要有名相。魏成和翟璜二人都非常优秀，你看谁更适合做宰相？"

李克回答道："身份低微者不插手尊长的事，外人不管别人的家务事。卑职实在不敢妄议朝政。"

魏文侯又说:"先生不要顾虑那么多,但说无妨。"

李克说:"国君您没有仔细观察呀,看人的原则有以下五项:第一,际遇不佳时和谁亲近;第二,富裕时帮助谁;第三,居高位时举荐谁;第四,在困境中是不是刚正不阿;第五,贫穷时是不是能舍弃贪念。只此五条,基本可以判定一个人的高下,又何必等待我的意见呢?"

魏文侯说:"先生请先回去休息吧,我已经有主意了。"

李克离开王宫,在归途中遇到翟璜,谈起魏文侯选择宰相的事情。翟璜问李克:"依阁下看,魏文侯会决定用谁呢?"李克说:"应该是魏成吧!"翟璜听罢,立刻变了脸色,愤愤不平地说:"西河守令吴起,是我推荐的;国君担忧邺县,我推荐西门豹治理;国君要攻伐中山,是我推荐了乐羊;中山攻下后,找不到合适的守将,我推荐了您。综上所述,我哪一点比魏成差?"

李克说:"您把我推荐给国君,难道是为了结党营私以谋求高官吗?国君问我宰相的人选,我只不过给他说了五个原则,最终还是由他来决定。我之所以认为魏成被任命为宰相的可能性比较大,是因为魏成有俸禄千钟,十分之九都施舍给别人,因此获得国君的老师子夏、田子方、段干木三人的赏识。而您所推荐的五个人,不过是魏文侯的一般臣子罢了,您怎么能跟魏成比呢?"

翟璜听罢十分惭愧,低头向李克道歉:"我翟璜粗鄙自大,刚才的话失礼了,我愿终身拜您为老师。"

苻坚伐晋

前秦皇帝苻坚刚上台时,做事谨慎,善于听取不同的意见。苻坚统一北方后,变得自命不凡起来,他对大臣们说:"我东征西伐,没有谁是我的对手。现在我准备征服晋国,一统天下,相信定会马到成功。"

许多大臣都持反对意见。阳平公苻融说："如今伐晋有三难。一是天道不顺；二是晋国自身并无灾祸；三是我们频繁征战，士兵都很疲乏，百姓也有畏敌之心。群臣中反对伐晋的，都是忠臣，希望陛下听取他们的意见。"

苻坚说："我国正处盛时，这时候攻打晋国，不是最好的时机吗？现在国内大治、人心稳定，你说得一点也不对。"

苻融哭着说："我所忧虑的，不止这些。陛下宠爱的卑人、羌人、羯人，对我们有深仇大恨，如今让这些人布满京师，而独留太子和数万弱兵守护京师，我害怕生出不测啊！"苻坚仍然固执己见，对形势盲目乐观，他决心开战。

苻坚历来信任名僧道安，群臣便请道安来劝谏。道安说："陛下统治天下，身居中原而统率四方，自身的昌隆就足以与尧舜相比，何必栉风沐雨，去经营远方呢！况且东南地区地势低洼，气候潮湿，容易造成不祥之气，有什么值得劳您大驾呢！"苻坚没有听从。

心有异志的鲜卑人慕容垂为了自己的打算，极力拥护苻坚。伐晋的计划就这样轻率地确定了。

苻坚出征之前，仍有忠贞的大臣苦苦相劝，说："皇上现在回头，也为时不晚啊。要知晋国君臣合心，百姓安定，皇上无故出兵，他们一定会拼死反抗。而我军人员复杂，来源不一，小的失败都可能引起大的波动。一旦出师不利，国家就有瓦解的危险，皇上不该不计利害啊！"

苻坚却坚持用兵，结果正像劝谏者所预料的那样，前秦大败。不久，苻坚被杀，他的国家也灭亡了。

苻坚是个很有能力的君主，否则他也不能统一北方了。他的失败是因为他太相信自己的能力了，自大骄狂，结果做出了错误的决策。

有能力的人能干大事，同样有能力的人也最容易骄傲。骄傲可以使人过高地估量自己，进而在力不从心的事情上失败。

危机是成功与失败的分水岭。在成功之时，危机并不是被永远消除了，而是潜藏起来了。看不到这些隐患，高枕无忧地大肆行乐，隐患便会悄悄增长，直到有一天浮出水面。促使成功的奋斗精神和积极力量一旦消退，导致失败的各种要素就会强劲反弹，成功就化为乌有了。

第三十一章

夫唯兵者①，不祥之器，物或恶之②，故有道者不处。君子居则贵左③，用兵则贵右。兵者不祥之器，非君子之器，不得已而用之，恬淡④为上。胜而不美，而美之者，是乐杀人。夫乐杀人者，则不可得志于天下矣。吉事尚左，凶事尚右；偏将军居左，上将军居右，言以丧礼处之。杀人之众，以悲哀泣之；战胜，以丧礼处之。

注释

①夫唯兵者：夫唯，发语词。兵者，指兵器。

②物或恶之：人所厌恶、憎恶的东西。物，指人。

③贵左：古人以左为阳，以右为阴，阳生而阴杀。尚左、尚右、居左、居右都是古人的礼仪。

④恬淡：淡漠，淡然。

译文

精兵利器，是不祥的东西，人们都厌恶它，因此有道之人远离它而不用。君子平时居处以左边为贵，用兵打仗时则以右边为贵。兵器是不祥的器具，不是有道君子所用的东西。不得已才使用它，最好淡然处之。胜利了也不要自鸣得意，如果自以为很了不起，那就是喜欢打仗杀人。凡是喜欢杀人的人，就不可能得志于天下。喜庆的事情以左为上，凶丧的事情以右为上。打仗时，兵权小的偏将军在左边，兵权大的上将军在右边，这就是用丧礼仪式来处理用兵打仗的事情。战争中死伤众多，要用哀痛的心情追悼阵亡的死者。打了胜仗，也要以丧礼的仪式去对待战死的人。

解 读

本章分三部分讲述用兵之道。

第一部分说明兵器是凶器，有道者不使用它们。越是性能优良的兵器，就越具有杀伤力。喜欢使用兵器的人，都是不知爱惜生命的人。有道之士爱人如己，所以不去使用。

第二部分说明用兵若无仁德，不会得志于天下。古人以左为上位，以右为下位，所以平时占据位置以左侧为贵，用兵之时则以右侧为贵。在迫不得已而用兵的时候，也要适可而止。喜欢打仗的人，是不会得到天下人拥护的，也就不可能实现自己的宏伟志向。

第三部分强调了用兵的策略和心态。用兵者应慈悲为怀，把用兵打仗当作凶事来对待，并采用相应的措施，尽量避免伤亡。这体现了用兵者的仁德。有仁德者，可以得志于天下。

第三十二章

道常无名,朴①虽小②,天下莫能臣③也。侯王若能守之,万物将自宾④。天地相合,以降甘露,民莫之令而自均⑤。始制有名⑥。名亦既有,夫亦将知止。知止可以不殆⑦。譬道之在天下,犹川谷之于江海⑧。

注释

①朴:代指道的原初混沌状态。
②小:用以形容道是隐而不可见的。
③莫能臣:没有人能臣服它。臣,使之服从。
④宾:服从。
⑤均:均匀。
⑥始制有名:万物出现之后,才产生了各种名称。始,指万物的开始。名,名称。
⑦不殆:没有危险。
⑧犹川谷之于江海:如同河川流入江海。

译文

道始终处于无名而质朴的状态,虽然它小得无法分辨,可天下没有谁能使它臣服。如果侯王能够依照道的原则治理天下,百姓们就会自然地归顺。天地阴阳相交合,就会降下甘霖,人们不须指使命令它,它自然就能分布均匀。万物出现之后,就产生了各种名称。既然有了名称,就要有所制约。知道适可而止,就没有什么危险了。道为天下所归,如同河川流入江海。

解 读

　　本章通过阐述道的三个特点，表达了老子的治国之道，即统治者应依道治理天下。

　　道的第一个特点是质朴。它没有名字，却使天下信服。第二个特点是自然。它是自然生发的，对万事万物没有偏好。第三个特点是知止。它懂得适可而止，所以不会招致祸患。

　　一个国家的政治制度如果真正体现了百姓的意愿，物质文明自然水到渠成。如果统治者能够顺应自然、依道治国、依法治国，百姓将自然顺服。

第三十三章

知人者智，自知者明；胜人者有力，自胜者强①；知足者富，强行②者有志；不失其所者久，死而不亡③者寿。

注释

①强：刚强，果决。
②强行：坚持不懈，持之以恒。
③死而不亡：身虽死而精神不亡。

译文

能了解、认识别人是通常的智慧，能认识、了解自己才算真正的明白；能战胜别人是有力的，能战胜自己的人才算刚强；知道满足的人才是富有的人，坚持不懈、持之以恒的人才是有志的人。不丢失本分的人就能长久不衰，身虽死而精神不亡的人，才算是真正的长寿。

解读

本章是老子对有道者的高度赞扬。

能够了解外人和外物的人，是拥有世间通常的智慧的人，而能通过外事外物反观自己，从而悟出人生真理的人，才是有大智慧，可以称之为明者。

能够战胜自我的人，是具有天地之志的人，他必定有战胜一切困难的力量。

有着丰富内心世界的人，与道为伍，生活充实愉快，内心安定自足。

相反，那些失去了心灵自由的人，内心是空虚的、迷茫的，只能把心思寄托于外在的个人名利上。然而，人的欲望是永远不会满足的，这就是人生痛苦的根源。有着坚强意志的人，并不会为了自我名利而拼搏，而是心存大道、甘守真朴、无执无失、豪情满怀，他的人生必然是幸福的、满足的。

　　人们追求幸福、健康、长寿时，却忽视了心灵的自由，反而导致健康受损。那些真正热爱生命的人，始终关怀的是内在的心灵，因此获得了相对长久的生命。更有一生为了人民的人，虽然肉体死亡了，但是灵魂永存，这样的人才是真正长寿的人，因为他们的灵魂是属于人民的，人民永存，他们的灵魂就永存。

　　人应当自知、自胜、自强，才能实现天地之志，并与世长存。

第三十四章

大道泛①兮，其可左右。万物恃之而生而不辞②，功成不名有③，衣养④万物而不为主⑤。常无欲，可名于小⑥；万物归焉而不为主，可名为大⑦。是以圣人之能成大也，以其不为大也，故能成大。

注释

①泛：广泛。

②辞：推辞，辞让。

③名有：占有。

④衣养：养护。

⑤不为主：不自以为主宰。

⑥小：渺小。

⑦大：伟大。

译文

大道广博无际，左右上下无所不至。万物靠它生长发展，它从不推脱责任，它完成了功业而不据为己有，它养育万物而不认为自己是万物之主。它从没有任何欲望，可以称为"小"；万物归附于它，而它不自以为主宰，可以称为"大"。圣人之所以能成就伟大，是因为它不妄自尊大，所以才能成就它的伟大。

解读

本章以大道之性说明圣人之德，论证了小与大的辩证关系。这表明统治者只有不妄自尊大，甘守平凡，一切效法大道，才能够成就他的伟大。

万物从道中产生，万物在，大道就在。所以，大道遍布天地，无处不有，无所不在。万物依它而生，它从不推辞职责。万物依靠它健康成长，它却不将功德据为己有。它将恩泽施加给万物，却不以为自己是万物的主宰。万物顺道则生，逆道则亡。人为万物之灵，应该充分发挥主观能动性，去认识大道，把握自己的命运。

圣人的伟大在于效法大道，返璞归真，诚信无私，乐于奉献，不图回报。圣人以大道之性为德，才有了圣人的伟大。

第三十五章

执大象①,天下往。往而不害,安平太②。乐与饵③,过客止。道之出口,淡乎其无味,视之不足见,听之不足闻,用之不足既④。

注释

①大象:代指道。
②安平太:安,乃,则,于是。平,平静,平和。太,安宁。
③乐与饵:音乐和美食。
④既:穷尽,完。

译文

谁掌握了伟大的道,天下的民众都会归顺于他。归顺、投靠他而不彼此伤害,于是大家就和平而安泰。动听的音乐和精美的食物,会使过客停下脚步。可是关于道的表述却平淡无味,你想看它却看不见,你想听它却听不到,而它的作用却是无穷无尽的。

解读

本章旨在说明,认识大道是认识世界和改造世界进而实现人生意义的根本,切不可舍本逐末,背离大道,被眼前的名利所诱惑。否则,将得不到心灵的自由,无法找到人生的归宿。只有彻悟大道,人生才有价值和意义。

圣人治国,"处无为之事,行不言之教",营造了自然淳朴的社会风气,天下有志之士自然就会慕道而来,天下百姓自然就会归顺于他。圣人没有国家和民族偏见，而是一视同仁。这样一来，就形成了各民族和睦相处的景象。和平而安泰，是政治文明和道德文明高度统一的景象。

　　有形世界的万物，都因其独有的特性和具体的形象，让人可见、可听、可感，因而可亲、可喜、可爱。道则不同，道是看不见、摸不着的，若用语言来描述，实在是平淡。虽说道用眼睛看不见，用耳朵听不到，但是一旦获得大道，它的功用却是无穷无尽的。

第三十六章

将欲歙①之，必固②张之；将欲弱之，必固强之；将欲废之，必固举之；将欲取③之，必固予④之。是谓微明⑤。柔弱胜刚强。鱼不可脱⑥于渊，国之利器不可以示人⑦。

注释

①歙（xī）：收缩。

②固：同"姑"，暂且，姑且。

③取：一本作夺。

④予：给。

⑤微明：微，细微的先兆。明，洞明。

⑥脱：离开，脱离。

⑦国之利器不可以示人：治国的法宝不能轻易向人展示。

译文

想要让它收缩，必先使它扩张；想要让它削弱，必先使它加强；想要让它废弃，必先使它兴举；想要将它夺取，必先设法给予。这是一种微妙高明的道理。柔能胜刚。鱼要想生存就离不开池渊，治国的法宝不能轻易示人。

解读

本章讲述了物极必反的道理，教人以柔弱自处，回归大道的本源。

柔软的东西有一定的韧度，发展的空间较大。坚硬的东西，看起来似乎强大而刚直，但是太过张扬外露，往往容易折断，而难以长久。所以，柔软能胜过强硬。

事物在其发展变化的过程中，当突破某一个极限时，就会朝着相反的方向发展变化。这就是物极必反的道理。

大道因平凡而伟大，它无形无声无为，但是又无处不在。它不用声色和名利引诱，不用武力威胁，一切都是自然而然的，却让人们不得不遵循它的原则。统治者只有把握大道的根本，效法大道无为的做法，才能实现大治。

第三十七章

道常无为，而无不为①。侯王若能守之②，万物将自化③。化而欲④作，吾将镇之以无名之朴⑤。无名之朴，夫亦将无欲。不欲以静，天下将自定⑥。

注释

①而无不为：却又无所不为。
②守之：即守道。之，指道。
③自化：自己成长变化。
④欲：指私欲。
⑤无名之朴：无名指道。朴，形容道的真朴。
⑥自定：自然安定。

译文

道经常不作为，却又无所不为。侯王如果能按照道的原则为政治民，万事万物就会自己成长变化。自生自长而产生私欲时，我就要用道的质朴来整治它。用道的质朴来安定它，它就不会产生私欲之心了。万事万物没有私欲而趋于平静，天下便自然而然走向稳定、安宁。

解读

本章是对道经的总结，中心思想是"通常无为，而无不为"。

永恒的大道通常是无为的，而它具有永恒的客观规律性，它孕育出天地万物，所以它又是无所不为的。

大道无为，始终按自己的轨道运行，使得整个宇宙和谐有序；统治者无为，遵守合乎自然法则的社会法则，可使社会和平安定；自我无为，遵守合乎自然法则的人生法则，可使自我神情愉悦、健康长寿。

　　大道具有了无私、无欲、无争、守柔、贵弱、谦恭、纯真、诚信、公平、正义、仁慈等特性，如果人人都质朴信道，平静无欲，社会自然会安定太平。

第三十八章

上德不德①，是以有德；下德不失德②，是以无德。上德无为而无以为③，上仁为之而无以为，上义为之而有以为，上礼为之而莫之应，则攘臂④而扔之。故失道而后德，失德而后仁，失仁而后义，失义而后礼。夫礼者，忠信之薄⑤而乱之首⑥。前识者⑦，道之华⑧而愚之始。是以大丈夫处其厚⑨，不居其薄⑩，处其实，不居其华。故去彼取此。

注释

①上德不德：上德不自居有德。

②下德不失德：下德拘守于德。

③上德无为而无以为：上德之人顺应自然而无心作为。以，有心、故意。无以为，即无心作为。

④攘(rǎng)臂：捋起衣袖露出手臂，形容其貌粗鲁。

⑤薄：不足，衰薄。

⑥首：开始，开端。

⑦前识者：先知先觉者，有先见之明者。

⑧华：虚华。

⑨处其厚：立于敦厚、朴实之境。
⑩薄：指礼之衰薄。

译文

具备上德的人不自居有德，因此实际上是有德的；具备下德的人拘守于德，因此实际上是没有德的。上德之人顺应自然，无所作为，上仁之人有所作为却出于无意，上义之人有所作为且是有意为之，上礼之人有所施为而得不到回应，于是扬着胳膊，强迫别人服从他。所以，失去了道就会有德，失去了德就会有仁，失去了仁就会有义，失去了义就会有礼。礼的出现，标志着忠信的薄弱，而且还是祸乱的开端。所谓先知，不过是道的虚华表面，是愚昧的端始。因此，大丈夫立身敦厚，不居于浅薄；身处笃实，不居于虚华。所以，要舍弃浅薄虚华而选取朴实敦厚。

解读

本章辩证地分析了道、德、仁、义、礼的关系。

道、德、仁、义、礼是包含关系，即道包含德，德包含仁，仁包含义，义包含礼。道作为世界的本质和规律，是客观存在的，是真理。

一个真正觉悟了的得道之人，其所作所为总是遵循客观规律，从不任意妄为、意气用事。上德之人遵循客观规律，依法治国，所以能够取得无所不为的业绩。

下德之人只能认识到现象世界表面的意识、思想和观念，无法透过现象看到本质，具有局限性和主观片面性。这样的人固执己见，不能放下主观意识，所以他没有也不可能获得正确的思想观念。

失去了道，则德不正，在德不正的情况下强调仁、义、礼，仁、义、礼必然向其反面转化。失去了道，人们就会被事物的表面现象所迷惑，以自我为中心，将外在的名利作为人生的目标。在名利的诱惑下，人的虚伪性、自私性就会体现出来。

上德要通过识道来获得，识道就是要认识事物的本质，把握并遵循客观规律。一个人如果只满足于认识事物的表面现象，就永远无法获得真理。统治者如果崇尚人治，愚化禁锢人民，就永远无法实现大治，人民也永远无法获得自由。

第三十九章

昔之得一①者：天得一以清，地得一以宁，神得一以灵②，谷得一以盈，侯王得一以为天下正③。其至也④，谓：天毋已清⑤将恐裂，地毋已宁将恐发⑥，神毋已灵将恐歇⑦，谷毋已盈将恐竭⑧，侯王毋已贵以高将恐蹶⑨。故必贵而以贱为本，必高矣而下为基。夫是以侯王自谓⑩孤、寡、不穀。此其贱之本与，非也？故致数与无与⑪。是故不欲禄禄⑫如玉，珞珞⑬如石。

注释

①得一：即得道。

②灵：灵性或灵妙。

③正：准则。

④其至也：就其极端的情况而言。

⑤天毋已清：天无休无止地清明下去。

⑥发：发散，分散，分裂。

⑦歇：消失，绝灭，停止。

⑧竭：干涸，枯竭。

⑨蹶（jué）：跌倒，失败，挫折。

⑩自谓：一本作"自称"。

⑪与：通"誉"，声誉，荣誉。

⑫禄禄（lù）：亦作"璱璱"，形容玉的精美。

⑬珞珞（luò）：通"硌硌"，形容石的质朴。

译文

古来得道之人：天得到道而清明，地得到道而安宁，神得到道而灵验，河谷得到道而充盈有生机，侯王得到道而成为天下的准则。就其极端情况来说：天不得清明，恐怕要分裂；地不得安宁，恐怕要分裂；神不能保持灵性，恐怕将要休止；山谷不能充盈有生机，恐怕就会枯竭；侯王不能保持安定，恐怕要倾覆。所以，尊贵以卑贱为根本，高以下为基础，因此侯王们自称为"孤""寡""不穀"，这就是以低贱为根本，不是吗？所以过度追求声誉就会失去声誉。因此，我不愿像玉那样晶莹剔透，只愿像石头一样朴实。

解读

本章阐述了老子以道治国的思想。本章首先用对比的方法从正反两个方面说明道治对于天、地、神、谷、侯王的重要意义，指出万物不凭借道治来保护，可能就会被毁灭。而后提出本章的论点，即贵以贱为根本，高以下为基础，有道之人像石头一样质朴。

任何事物的不同方面都是相辅相成、互相转化的。世间之所以有贵，是因为有贱为之衬托；之所以有高，是因为有下与之相对应。那些显赫高贵的统治者们，他们的高，是骑在劳动人民头上的；他们的贵，是用劳动人民的血汗铸成的。其实，不道的帝王们也非常明白这些道理，所以，他们用"孤""寡""不穀"来称呼自己，在称谓上做文章，表明自己是以民为本的。其实，这不过是那些统治者为了维护其统治地位的手段罢了。因此，他们的统治地位也就只能存在几代而已。

第四十章

反①者道之动，弱者②道之用。天下万物生于有③，有生于无④。

注释

①反：通"返"，循环往复。一说意为相反，对立面。
②弱者：柔弱，渺小。
③有：这里指道的有形质，与第一章中"有名，万物之母"中的"有"相同。
④无：这里指超现实世界的形上之道。与第一章中的"无名，天地之始"的"无"相同。

译文

循环往复的运动变化，是道的运动方式，道的作用是微妙、柔弱的。天下万物产生于看得见的有形质，有形质又产生于不可见的无形质。

解读

本章虽短，却体现了老子思想的精髓。老子认为，道是循环往复运动着的，道的作用是柔弱的。弱能胜强，无生万物。

浩瀚的宇宙因为自然规律而生生不息、和谐有序。人类社会要想繁荣稳定、长治久安，就必须制定出合乎自然规律的社会法则。老子指出，无是万物的根本，一切事物都是从无到有的，自然规律决定着天下万物的命运。所以人类欲求有必先求无，否则不管社会多么富有，最终必然遭受自然规律的惩罚，结果只能是一无所有。

老子贵柔贵弱，一再强调柔弱者的作用，并非希望事物永远处于弱势，而是希望事物完成由弱到强的转化，共同统一到强上来。

【延伸阅读】

吴祐断案

东汉时期，胶东侯相吴祐为政仁爱亲民。面对老百姓的诉讼案件，常用道德来晓谕，有时还亲自到百姓之中进行调解。自他为官以来，官吏、百姓的争端矛盾减少，社会治安良好。

有一次，小吏孙性私自收取五百钱，到集市上买了一件衣服送给父亲，父亲非常生气地说："我们有这么好的官，怎么能忍心欺骗他呢？"催促他去自首。孙性既惭愧又害怕，拿着衣服到衙门自首。吴祐把左右的人支开，问他怎么回事，孙性把事情的经过和他父亲的话都告诉了他。吴祐说："你这也是想要孝顺父亲的缘故，所谓'看了过错，就知道是什么人'，把钱还回去，以后别再犯了。"然后打发他回去感谢父亲，并把衣服还给了他。

又有一个安丘县的男子名叫毋丘长，他与母亲一起在市场上走，遇到一个醉汉，侮辱他母亲，毋丘长就把这个醉汉杀了，然后逃跑了，安丘县的执法人员在胶东抓到了毋丘长。

吴祐叫来毋丘长说："母亲被人侮辱，这是人情所不能容忍的。然而孝子发怒也要考虑到后果，不能连累到父母。你白日杀人，赦免你实属不义，对你实施刑罚又于心不忍，怎么办呢？"毋丘长将刑具系到自己身上说："我触犯了国家制法，您虽然同情我，可也不能法外开恩。按法处置吧，我没有什么可说的。"吴祐又问："有妻儿吗？"毋丘长回

答:"有妻子,没有孩子。"于是,吴祐派人到安丘把毋丘长的妻子带来了,吴祐把毋丘长的刑具解除,让他妻子与他同宿于狱中,他的妻子因此有了身孕。

到了冬末行刑时,毋丘长哭着对母亲说:"我辜负了母亲的期望,罪该万死,只是该怎样报答吴君呢?"于是,他咬破一个手指头,含着血说:"妻若生子,取名'吴生',说我临死破指为誓,嘱咐儿子一定要报答吴君。"说罢自缢而死。

恭谨俭朴的马皇后

东汉明德马皇后是伏波将军马援的小女儿,扶风茂陵(今陕西兴平东南)人。

公元52年,马援死后,年仅十三岁的小女儿被选入太子刘庄宫中。刘庄是皇后阴丽华所生,光武帝很宠信他。马氏入宫后,对阴皇后悉心侍奉,毕恭毕敬。马氏举动合乎立法,待人亲和友善,与宫中上下都相处得很好,因此深受阴皇后喜爱。公元57年,光武帝刘秀去世,太子刘庄即位(即汉明帝),封马氏为贵人。马氏宽厚仁爱,处事公正,她的德行使众人信服。公元60年,大臣们联名上奏,请立马氏为皇后。明帝去问皇太后阴丽华的意见,皇太后认为马氏德冠后宫,是当之无愧的皇后。

马氏当上皇后以后,并没有放纵享乐,而是依然勤奋、恭谨、俭朴,衣着很朴素,生活很节俭。

马皇后不仅为人恭谨朴素,仁爱和善,而且很有治国理政的才能。有时汉明帝遇到公卿大臣难以裁决的朝廷上的事,便回到后宫询问马皇后的建议。马皇后为他深入地分析事情的来龙去脉,并提出合适的解决方法,给了汉明帝很多帮助。

马皇后虽然如此受到汉明帝的敬重,却从未因自己的家事劳烦过汉明帝，也没有趁机为自己的家人要求封赏。

马皇后是真正能够虚己的人，不因自己处皇后之尊而肆意妄为，而且还能够约束亲属，不让他们做出不合礼度的事情，这是难能可贵的。虚己处世，求功不可占尽，求名不可享尽，求利不可得尽，求事不可做尽。这样不居功自恃，才能成其大道。

长平之战

公元前262年，秦国准备出兵攻打韩国。韩国积弱已久，难以战胜秦国。韩桓惠王十分惊恐，想要献出上党的土地给秦国，以求平息战事。韩桓惠王召集大臣商量对策，上党郡（今山西长治一带）郡守冯亭是个足智多谋的人，他不赞同韩桓惠王的做法。冯亭劝韩王把上党的十七座城池献给贪婪的赵国。韩国的上党郡土地肥沃，物产丰富，秦国对此垂涎已久。如果把这十七座城池献给赵国，秦国就会放弃韩国转而攻打赵国，这样一来，韩国的危机就解除了。

于是，韩桓惠王就派使者去谒见赵国，使者对赵王说："如今秦国强兵压境，韩桓惠王欲投降秦国，准备将上党的土地割让给秦国，但上党百姓却强烈反对，他们不愿意被野蛮的秦国统治，而是甘愿做赵国的子民。因此，我们韩国愿意把上党的十七座城池献给赵国，请大王不要推辞。"

赵王对上党这块肥肉也垂涎已久，只是心有余而力不足。听了韩国使者的话，赵王十分高兴，将此事告诉了平阳君赵豹。赵豹看穿了这是韩国嫁祸于赵国的把戏，就对赵王说："臣听说，无缘而受禄，必定招致祸患，秦国早就对上党的土地虎视眈眈，如果赵国接受这些城池，秦国怎肯善罢甘休？必然会来攻打赵国啊！"

赵王又将此事告诉了平原君赵胜。赵胜认为白送上门的土地，没有不要的道理。赵王权衡之后，还是接受了韩国上党的十七座城池。

果不其然，不久秦国就开始攻打赵国。赵王派著名的老将军廉颇迎敌，却中了秦国的反间计，改用只会纸上谈兵的赵括代替廉颇，结果赵国惨败，这就是历史上著名的长平之战。从此，赵国一蹶不振，最终被秦国消灭。赵王就是因为没有考虑到整个大局和长远利益，只顾眼前的一点小利，最终害了自己，得到了灭国的结果。

第四十一章

上士闻道,仅能行之;中士闻道,若存若亡;下士闻道,大笑之——不笑不足以为道。故建言①有之:明道若昧,进道若退,夷道若颣②,上德若谷,大白若辱③,广德若不足,建德若偷④,质真若渝⑤,大方无隅⑥,大器免成,大音希声,大象无形。道隐无名。夫唯道,善始且善成。

注释

①建言:立言,指前人的言论。

②颣(lèi):丝线上的结。这里引申为不平之意。

③辱:黑垢。

④建德若偷:刚健的德如同怠惰的样子。偷,懒惰。

⑤质真若渝:质朴纯真却似受污染变质。渝,变污浊。

⑥大方无隅:最方正的东西却仿佛没有棱角。隅,边角,棱角。

译文

上智的人听了道的理论,仅能有所实行;中智的人听了道的理论,将信将疑;下智的人听了道的理论,会大声嘲笑。不被嘲笑——就不

足以为道了。因此，从前有人说过：光明的道像是昏暗的，前进的道像是后退的，平坦的道像是不平坦的，崇高的德像是低沉的峡谷，极度洁白的东西像是受了玷污，无所不包的德像是有所不足，刚健的德像是偷懒怠情，质朴纯真像是受污染变质，最方正的东西仿佛没有棱角，最贵重的器物无所合成，最大的声响听来像是无声无息，最大的形象却不见踪迹。道幽隐而无名，无法形容。只有道，才善始善终。

解读

本章通过不同的人对道的不同认识，以及不同的人世界观和方法论的不同，说明了大道对于个人和社会的重要性。

"上士"是道性深厚的人，他们深知悟道的重要性，对道深信不疑且勤奋用功，这是有志者的作为。"中士"是道性若明若暗的人，他们对道持半信半疑的态度，对识道缺乏信心，是不能战胜自我的人。"下士"是缺乏道性的人，他们的自我主观意识太强烈，总是固执己见，不能客观辩证地看待问题。"下士"嘲笑传道、修道的人来显示自己的聪明才智。道总是被嘲笑原因大概有两个：一是大道太隐蔽、太深奥，是常人难以理解的；二是修道者所采取的修道方式和行为往往不被理解。

修道者明白了大道，获得了大智大慧，本该变得更加聪明，但他们表面上却显示出愚昧笨拙的样子。其实这正是明道的结果和超越自我的象征。一个大彻大悟的人，不再主观臆断、感情用事，一切遵循客观规律，不再为名利所羁绊。他们品德高尚，人格纯朴，诚实敦厚，没有半点虚伪。这在下士或中士看来，好像是愚蠢一样。这就是大智若愚的道理。

世界的本质规律只能借助真我去把握，自我是无法直接认识的。只有大道才能让人彻悟人生的大智大慧，用以成就天地之志。

第四十二章

道生一，一生二，二生三，三生万物。万物负阴而抱阳①，冲气以为和②。人之所恶，唯孤、寡、不穀，而王公以为称。故物或损之而益，或益之而损。人之所教，亦我而教人：强梁者③不得其死——吾将以为教父④。

注释

①负阴而抱阳：背负着阴而怀抱着阳。
②冲气以为和：阴阳二气交相激荡而达成和谐。冲，摇荡。
③强梁者：横行无道的人。
④教父：教人的根本，教学的根本。

译文

道生一，一生二，二生三，三生万物。万物都是背阴而向阳，阴阳二气互相交融激荡而形成新的和谐体。人们所厌恶的是"孤""寡""不穀"，但君王却用这些字来自称。所以，一切事物，想抑制它反而得到增加，如果想增加它反而得到减损。别人这样教导我，我也这样去教导别人。不遵守道的人死无其所，我把这句话当作教人的根本。

解读

本章通过宇宙生成论揭示了宇宙的对立统一规律和矛盾的普遍存在规律，指出阴与阳、增与减、强与弱是可以相互转化的，正告统治阶级不要为了既得利益而对劳动人民实行强权统治。本章还表达了对劳动人民的同情和推翻反动统治、还人民权力和自由的强烈愿望。

人们最痛苦的就是当孤儿、做寡妇、没有食物吃，而王公却用孤、寡、不穀作为自己的称号。这些称呼表面上似乎有损他们的高贵形象，实际上却有利于他们树立"明君"形象，这是在昭告天下，他们时时刻刻心存弱者，为百姓的生活着想，但其根本目的是巩固自己的统治地位，获取更长久的既得利益。然而，统治者最大限度地满足了自己的利益，就会损害劳动人民的利益。

老子认为，违背道德，以强权手段欺压人民的统治者将不得善终。表达了老子对"强梁者"的强烈谴责和对善良的劳动人民的深切同情。既然有否定，就会有肯定。老子否定了"强梁"之教，必然肯定与之相反的"柔弱"之教，这就是老子一贯倡导的贵柔贵弱思想。

第四十三章

天下之至柔，驰骋①于天下之至坚，无有入于无间②，吾是以知无为之有益。不言之教，无为之益，天下希③及之。

注释

①驰骋：本来指马奔跑的样子，此处引申为腾越穿行。

②无有入于无间：无形的力量能够穿透没有间隙的东西。无有，空虚无形。

③希：同"稀"，稀少。

译文

世间最柔弱的东西，腾越穿行于最坚硬的事物中。无形的力量可以进入没有间隙的东西，我因此知道了无为的益处。不言的教导，无为的益处，天下恐怕很少有能赶上它们的了。

解读

在本章，老子重申了以柔胜刚、贵柔贵弱的思想。

气最柔和不过了，天清地宁之时，谁也看不到它的存在，谁也不在乎它的作用，它却始终默默无闻地发挥着柔和者的本能。当天昏地暗之时，它一改往日的沉默和柔和，狂旋怒吼，直冲云霄，震天撼地，折枝断本；水最软弱不过了，风平浪静之时，它于低洼处行走，任人取用，始终与世无争地发挥着软弱者的本能。当暴风雨到来之时，它一改往日的平静和软弱，奔腾咆哮，一泻千里，以排山倒海之势，冲基倒厦，刷新世界。

　　水和气是再柔弱不过的了，但是当它们驰骋天下、摧枯拉朽、涤荡污垢的时候，却显示出了巨大威力。如果说"驰骋于天下之至坚"显示了柔弱者的外在威力，而"无有入于无间"则显示了柔弱者的内在威力。水和气无坚不摧，无孔不入，这是柔弱者的巨大力量和作用。

第四十四章

名与身孰亲？身与货孰多①？得与亡②孰病？甚爱必大费③，厚藏必多亡④。故知足不辱⑤，知止不殆，可以长久。

注释

①多：贵重。

②亡：失去，损失。

③甚爱必大费：过度爱名就必定要付出很大的代价。

④多亡：损失惨重。

⑤知足不辱：知道满足，就不会受到屈辱。

译文

名声和生命相比哪一个更值得爱惜？生命和钱财相比哪一个更为贵重？得到名利和丧失生命，哪一个更有害？过度爱名利就必然付出更多的代价；过于积敛财富，必定会损失惨重。所以，知道满足，就不会受到屈辱；适可而止，就不会遭遇危亡，这样才可以长久。

解读

本章中，老子将名利和生命对比，意在说明生命重于名利。

生命重于名利这一道理虽然浅显易懂，但是要做到却很难。有些人将追求名利视为人生的目的，为了名利，可以牺牲身体健康。

执着于名利的人，肯定会刻意求取，并为此绞尽脑汁。他们为达到目的，阳奉阴违、奸诈机巧、不择手段，怎能不耗尽精神、费尽心机？精神劳累，身体也会受到伤害。得与失是互相依存、互相转化的。积藏的东西越多，失去的东西就越多，得到的是名利和物质财富，失去的是人的精神、人格、尊严、品质等。

老子提出两种正确处理名利和生命的关系的方法，一为"知足"，也就是做事要恰到好处，知道满足；二为"知止"，也就是做事要适可而止。圣人之所以能"被褐怀玉"，便是知足于内而知止于外的缘故。

许多人只盯着名利，认为有了名利就有了一切，结果反为名利所害。反对名利，并不是要放弃对物质文明的追求，而是反对贪得无厌，反对片面地以金钱名利来衡量人生价值的思想观念。热爱生命的正确方式应该是反求于朴，只有返璞归真，才能获得真正的幸福。

第四十五章

大成①若缺，其用不弊。大盈若冲，其用不穷。大直若屈②，大巧若拙，大辩若讷③。躁胜寒，静胜热④。清静为天下正。

注释

①大成：最完美的东西。
②屈：弯曲。
③讷（nè）：木讷，嘴笨。
④躁胜寒，静胜热：躁动可以御寒，安静可以耐热。

译文

最完美的东西，好似有缺陷一样，但它的作用永远不间断。最充盈的东西，好似有空虚一样，但它的作用却无穷无尽。最直的东西好似弯曲的一样，最巧妙的东西好似笨拙的一样，最有辩才的人好似很木讷。躁动可以抵御严寒，安静可以克服酷热。清净无为才是治理天下的准则。

解读

本章通过对有道者的形象和内在的对比，体现了有道者人格的伟大，并运用阴阳生克原理论证了治国策略。

有道德的人，虽然为人正直、内心玲珑剔透、能言善辩，却收敛锋芒，虚怀若谷，低调为人，从不炫耀自己，留给别人笨拙木讷的印象。这体现了有道之人一切自我行为都遵循客观规律，绝不盲从主观情感，妄作妄为。这正是圣人不争不显的无为之德。

　　老子提出将清净无为作为治国的指导思想。清净无为是圣人之治，是施行"不言之教"和"无为之治"。无为之治可以发扬民主，使政治清明，不言之教可以消除浮躁之气，使民心安宁。政通人和、人心思定，这才是人间正道。

第四十六章

天下有道，却①走马以粪②；天下无道，戎马③生于郊④。罪莫厚于甚欲，咎⑤莫憯于欲得，祸莫大于不知足。故知足之足，常足矣。

注释

①却：退回，撤销。

②走马以粪：用战马耕种田地。粪，耕治农田。

③戎马：战马。

④生于郊：战马兴起于郊外。

⑤咎（jiù）：错误。

译文

治理天下合乎道时，就可以做到太平安定，把战马退还到田间用来耕种；治理天下不合乎道时，战马就只能兴起于郊外。最大的罪过是多欲，最大的过错是贪得无厌，最大的灾祸是不知足。因此，知道满足的这种满足，就是永久的满足。

解读

老子认为，治理天下要合乎道，合乎道才能使天下太平。保持天下太平的方法就是知足，满足于现状，不贪得无厌。相反，发动战争的人，就是由于不知足、贪心太重、欲望过多，使得社会不得安宁。本章警告当政者不可贪得无厌，切记清净无为，这样才有利于社会的发展、民众的安定。

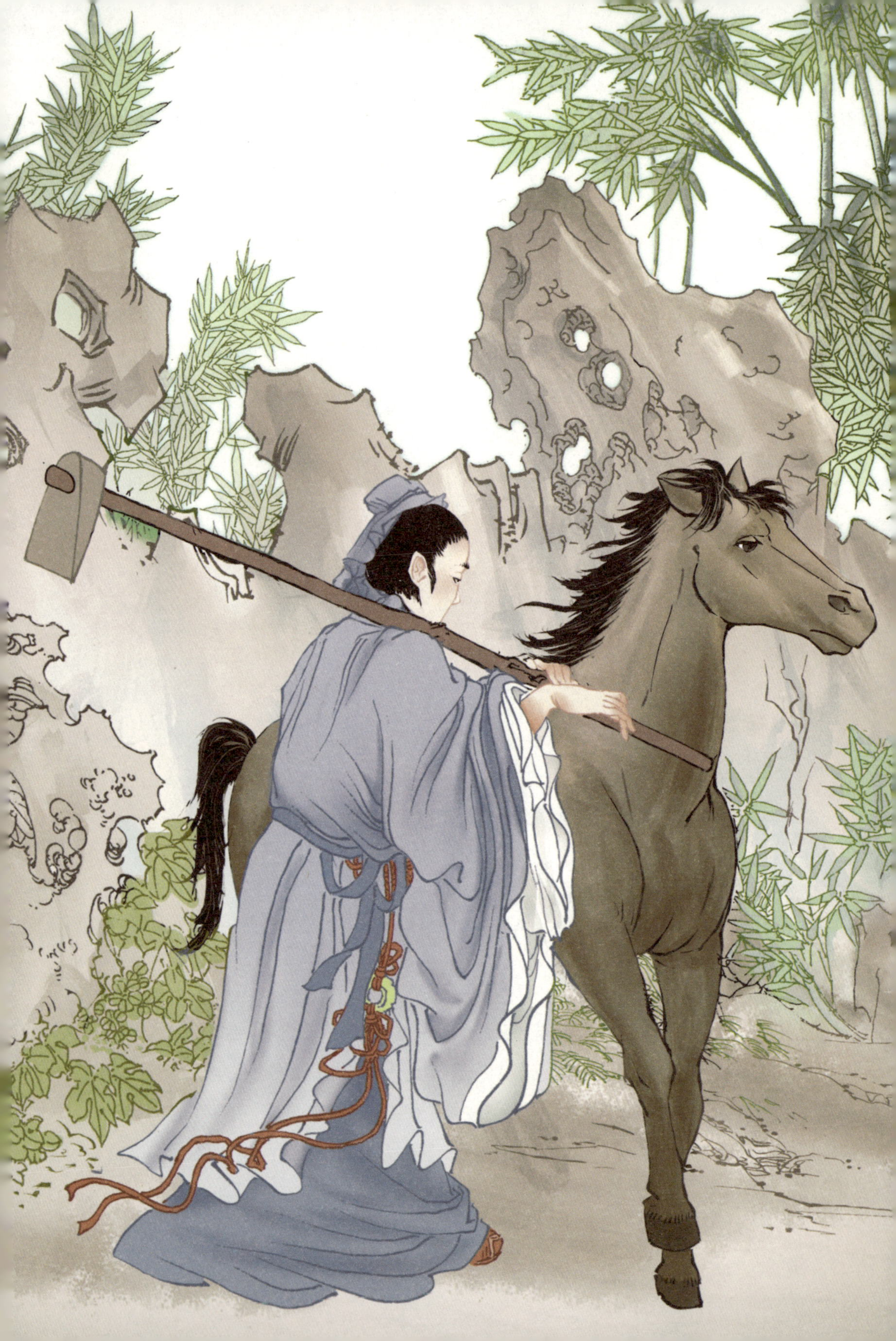

第四十七章

不出于户,以知天下;不窥于牖①,以知天道②。其出弥远者,其知弥鲜。是以圣人不行而知,不见而名③,弗为④而成。

注释

①牖(yǒu):窗户。
②天道:即道,指作为宇宙万物本根的道。
③不见而名:不窥见而明白天道。
④弗为:无所作为。

译文

不出门户,就能够知晓天下事;不用往窗外望,就可以知道宇宙万物之道。向外走得越远,所知道的道理就越少。所以,有道的圣人不出行就能知道事理,不窥见便能明了天道,无所作为就可以有所成就。

解读

本章讲述了圣人不出门便能知晓天下大事,懂得万事万物的道理,而其中的原因就是得道。

圣人不出门、不看见、不作为,却能做到先知先觉、了解事物、懂得道理、有所成就,根本的原因在于他们达到了道境。圣人能够细心体察和感悟大道,而且能够顺道而行,推己及人,所以他们能够抓住事物运行发展的客观规律,然后自然无为,成功便水到渠成。

但是这里所说的不出门、不看见、不作为,并不是要我们坐以待毙,不劳而获，而是要把握自然规律，审时度势，伺机而动，避免做无用功。我们不仅要善于观察，还要善于利用已有的条件，巧妙地解决问题。如果骄傲自满、一味蛮干，是不可能有所成就的。

第四十八章

为学日益①,为道日损②。损之又损,以至于无为。无为而无不为③。取④天下常以无事⑤,及其有事,不足以取天下。

注释

①益:增加。

②损:减少。

③无为而无不为:不妄为,就什么事情都可以做成。

④取:取得,这里有治理好天下才能真正取得天下的意思。

⑤无事:即无扰攘之事,无为。

译文

治学,其知见可以一天天增加;求道,其智巧则一天天减少。减少又减少,到最后就到了无为的境地。如果能够做到无为,那么任何事情都可以有所作为。取得天下要靠无为,如果有为,就不足以取得天下了。

解读

本章通过将求学和求道进行对比，讲述了大道至简、无为而不为的道理。

科学技术能给我们带来实实在在的物质利益，解决诸多实际问题，使我们的生活水平得到提高。哲学能给我们带来精神文化和精神指导。无论是科学知识还是哲学知识，真正对人类有益的学问就是真正的学问。如果说"为学"涉及的是科学技术知识，是外在的学问，那么"为道"涉及的则是哲学，是追求内在智慧的学问。不管为学还是为道，都要去除繁杂的修饰，归于简洁无为。不妄为，才可以进入道的境界，获得大智大慧。

就治身而言，舍弃欲望，灵魂才能获得自由，心灵才能感到幸福，进入天人合一的境界。就治国而言，得到天下的目的应当是为百姓争取平等和自由。统治者心诚于民，才可以获得人民的拥护。如果统治者取得天下的目的是霸占天下，奴役人民，用人民的血汗来成就自己以及子孙后代的荣华富贵，那么他的统治地位就不会长久。从奴隶社会到封建社会，历朝统治者无不用事实说明了这一历史规律。因此，以清净无为的理念治理天下，才可以有所成就。

第四十九章

圣人恒无心①,以百姓之心为心。善者善之,不善者亦善之,德②善也。信者信之,不信者亦信之,德信也。圣人之在天下也,歙③歙焉,为天下浑心④。百姓皆注其耳目焉,圣人皆咳之⑤。

注释

①恒无心:长久没有意志,没有主观成见。
②德:通"得",得到,获得。
③歙(xī):和合的样子。
④浑心:使人心思化归于浑朴。
⑤圣人皆咳之:圣人把他们看作纯朴的婴儿。咳,通"孩",婴儿。

译文

圣人长久没有自己的意志,把百姓的心作为自己的心。对于善良的人要加以善待,对不善的人也要加以善待,这样就可以使人人向善。对于守信的人要加以信任,对于不守信的人也要加以信任,这样就可以使人人守信。圣人治理天下,显得安详和合,使天下人的心思变得纯朴。百姓们都运用自己的聪明,耳目各有所关注,圣人把他们都看作纯朴的婴儿。

解读

本章集中体现了老子的人人平等、言论自由、民主立法以及民主监督等思想。这些都是健全法制的重要保障。

人人平等，言论自由，是合乎道的，是民主思想的主要标志。对于那些有道德知识的人，要善意相待；对于那些没有道德知识的人，同样要善意相待，这是一种人人平等的思想。对于专家、学者，要诚恳地听取他们的意见和建议；对于平民百姓，也要诚恳地听取他们的意见和建议。善于听取不同的声音，体现的是老子"兼听则明，偏信则暗"的辩证思想。

　　圣人修道治身，会不停地探寻大道，修养自我，以待时机。圣人行道治国，会以百姓之心作为自己之心，大公无私。统治者对待官员要像家长对待自己的孩子一样严格要求，只有用不断完善的法律法规去制约他们，才是真正地关心和爱护他们。

第五十章

出生入死①。生之徒②,十有三③;死之徒④,十有三;而民生生,动皆之于死地⑤,亦十有三。夫何故也?以其生生也⑥。盖闻善摄生⑦者,陆行不辟兕⑧虎,入军不被甲兵⑨;兕无所投其角,虎无所用其爪,兵无所容其刃。夫何故?以其无死地⑩焉。

注释

①出生入死:出世为生,入地为死。指人的一生。

②生之徒:世上有利于生的人。

③十有三:十分之三。

④死之徒:趋向于死的人。

⑤而民生生,动皆之于死地:人们过度求生,却意外地走向死亡之路。

⑥生生也:由于过度求生的缘故。

⑦摄生:养生。

⑧兕(sì):犀牛一类的动物。

⑨入军不被甲兵:兵器没有地方容纳它的锋刃。

⑩无死地:没有可以致死的地方。

译文

人的一生,始于出生,终于死亡。世上有利于生的人有十分之三;趋向于死的人有十分之三;因过度求生反而自陷于死地的人,也占十分之三。为什么会这样呢?那是因为他们过度求生。听说,善于养护自己生命的人,在陆地上行走,不会遇到犀牛和猛虎这样凶恶的野兽,在战争中不会受到武器的伤害。在他身上犀牛没有地方投角，老虎无处伸爪，武器没有地方容纳它的锋刃。为什么会这样呢？因为他身上没有可以致死的地方。

解 读

本章讲述了善摄生者不入死境的秘密，那就是他们的精神长存。

天地万物都是出生入死的。人也一样，人的一生，就是从生赴死的过程。人生的意义不在于生命长短，而在于人生的过程，在于生命的质量。善摄生者，不入死境，因为他淡泊宁静，清心寡欲，坚守本性。他的精神是永恒的，所以他不会死。

如果一个人看淡生死，安分守己地生活，做自己想做的、能做的事情，不问结果，乐在其中，他的生命就会变得充实，他的人生就会充满幸福，这就是人生的意义。但如果一个人过度追求物质和名利，他的心灵

就会空虚和荒芜，他的健康和寿命也会受到影响，他的一生匆忙劳碌，毫无意义。

【延伸阅读】

宋真宗亲临澶州

北宋真宗时，辽军攻打宋朝，朝廷上下惶恐不安。许多官员主张迁都成都，以暂时躲避。而寇准却主张坚决抵抗，他说："大敌当前，如果没有拼死的决心，任何计谋都是无用的。我请求皇上御驾亲征，稳定军心，鼓舞士气。"

真宗本就无心抵抗，听到寇准的请求更是害怕，犹豫不决。

寇准说："如今敌军气势正盛，我军连连失地，这种局面必须改变。皇上虽然冒些凶险，但只有这样才能鼓舞将士们的士气，改变颓势。我想敌军万万预想不到皇上会亲自上阵，他们一定会十分恐慌的。如果我军人心溃散，敌人乘虚而入，那么后果不堪设想！"

真宗同意了，亲征澶州。刚到澶州南城，众人见辽军兵势正旺，便请求暂时停下以观察形势。寇准却一再坚持让真宗过黄河，否则军心会更加不稳。真宗还是犹豫不决。寇准从真宗处出来，遇到武将高琼，对高琼说："国家危难，皇上决心难下，还请你去劝谏皇上不要退缩。如今人心不稳，这也是你们武将报效国家的时候了。"

高琼便去面见真宗，说："兵来将挡，水来土掩，这是自古以来的道理。皇上不该听信迁都的话。皇上带领我们杀敌，军心一定大振，我军一定会大胜的。"

有了武将的保证，真宗终于安心了一些，于是亲临澶州督战，军中士气大振，辽军果然有些惧怕。

最后，双方签订了"澶渊之盟"，大宋北方的一些领土得到了保全。

寇准力请真宗亲征，这在大多数人眼里是一条不可取的路，然而正因如

此才挽救了宋朝。有时候,多数人认可的路未必是正确的路,看起来不安全、不合适的路也未必是不正确的路。只有真正合乎"道"的,才是顺应事物发展趋势的正确之路。我们要善于透过现象看本质,找到正确的路。

勾践卧薪尝胆

春秋末期,吴国与越国交战。最后,越军战败,越王勾践只能屈辱地去吴国为吴王夫差当马车夫。勾践毕恭毕敬地侍奉吴王,赢得了吴王的信任。三年后,吴王放勾践回国了。回国后,勾践时刻铭记屈辱,立志报仇雪耻。他在自己屋里挂了一只苦胆,每次吃饭前都要先尝一尝苦胆。晚上他就卧在柴草上睡觉,以此提醒自己勿忘前耻。

同时,勾践努力发展国内衣食生产,操练兵马。他又采纳大臣的建议,给吴王送去美人和极好的木料,以消磨吴王的斗志,并促使他大兴土木,招致民怨沸腾。勾践还使出离间计,散布谣言,离间吴国君臣。

经过九年的精心筹措,越军终于打败了吴军,最终逼得吴国向越国求和。又过了九年,勾践亲自率军攻打吴国,最终吴国大败,吴王夫差自杀。

勾践从一国之王变为吴王的马车夫,这巨大的落差并没有使勾践气馁,他坚强隐忍,运筹帷幄,终于反败为胜。

大丈夫能屈能伸,于幽暗之中运筹帷幄、积蓄力量,等到重见天日之时便可爆发能量。这就是以柔软对抗强硬,以无形战胜有形。

勤政爱才的武则天

武则天在位十五年,对于唐朝社会的发展有着重要的影响。这里,仅择数事,以见其"忧劳天下""不敢爱身"之处。

武则天十四岁进宫被封为才人。唐太宗死后,武则天出宫为尼。651年,武则天再入宫,被封为昭仪。655年,武则天被立为皇后。由于百司奏事，皇后决之，"处事皆称旨"，显庆五年高宗"始委以政事"。至664年，高宗视朝，武后"垂帘于后，政事大小，皆预闻之""中外谓之二圣"。

武则天"预闻"朝政之后，首先考虑的便是安定天下，劝课农桑。咸亨元年，四十余州遭虫、霜、旱灾，百姓饥馑，关中尤甚，朝廷急调江南谷米赈济。武后对灾情表现出极大的关注，以致要求避位，冀以减轻灾害。上元年间，她连年亲祀蚕神，以示重视农桑。同时，上书高宗，提出著名的"建言十二事"：

第一，劝农桑，薄赋徭。第二，给复三辅地。第三，息兵，以道德化天下。第四，南、北中尚禁浮巧。第五，省功费力役。第六，广言路。第七，杜谗口。第八，王公以降皆习《道德经》。第九，父在为母服齐衰三年。第十，上元前勋官已给告身者，无追核。第十一，京官八品以上，益禀入。第十二，百官任事久，材高位下者，得进阶申滞。

683年，高宗卒，武后临朝执政。经过一番努力，使动乱的社会安定下来。一天，她对群臣言道："朕辅先帝逾三十年，忧劳天下……先帝弃群臣，以社稷为托，朕不敢爱身，而知爱人。"她平定了徐敬业的叛乱，稳定了朝政，并鼓励发展农业生产。由于社会安定，农业发展，全国人口迅速增长。

武则天"躬勤"的另一重要政务便是广开言路，招揽人才。垂拱元年二月，下令：西朝堂的登闻鼓、东朝堂的肺石，不再派人看守，不论什么人都可以击鼓或立石，表示有意见向朝廷申诉，御史必须受理。第二年，更铸铜匦置于朝堂，接受天下上书。其中，一曰"招谏"，凡言朝政得失的，都可投入；一曰"申冤"，凡有冤抑者，皆可投入，设专人受理。这两项措施，保证了下情上达，打通了上下闭塞的状况。一些重要的建言或冤情，武则天都要亲自处理。

690年，武则天登基为女皇。这一年，她亲自于洛阳洛城殿应试举人，贡士殿试的制度自此始。后来，武则天又亲自引见诸道巡抚使所举荐的人才，分别试用，试官制度由此始。于是，一些地位低下的人才通

过试官制度，得以发挥其才智，进位将相。相反，对于那些不称职的试官，一经发现，立即罢免。至于冒充人才，混入官场者，则加刑诛。由于武则天能够"明察善断"，"故当时英贤亦竟为之用"。

武则天在她执政的十五年间，共用过七十多位宰相。刘仁轨、狄仁杰、娄师德、徐有功等人都是有功于国于民的正派能臣。玄宗时的名相姚崇、宋璟，也是武则天亲自选拔上来的。武则天年近八旬时，仍然不忘选拔人才。她又新设武举之制，以选将帅之才。武举制度，亦自此始。"安史之乱"中为李唐皇室所倚重的郭子仪，便是武举出身而成为国之栋梁的。德宗时的名相陆贽，对于武则天拔擢人才有两句评语，十分恰当："进用不疑，访求无倦。"

武则天所表现出的"不敢爱身，而知爱人"之情以及为人才"访求无倦"的做法，表明她是一位"忧劳天下"的女皇，后人可以从中学到很多。

第五十一章

道生之,德畜之,物形之,器①成之。是以万物莫不尊道而贵德。道之尊,德之贵,夫莫之爵而常自然②。道生之畜之,长之育之,亭之毒之③,养④之覆⑤之。生而不有,为而不恃,长而不宰,是谓玄德。

注释

①器:器物,器具。
②莫之爵而常自然:没有人加以封爵而常处于自然的状态。
③亭之毒之:一本作"成之熟之"。
④养:爱养,护养。
⑤覆:维护,保护。

译文

道生成万事万物,德养育万事万物,物赋予万事万物形体,器使万事万物成长起来。因此,万事万物无不尊崇道而诊视德。没有人给道和德加封,道和德的珍贵在于它们的自然。道化生万事万物,道蓄养它,使它成长,使它发育,使它成熟,使它得到培养和保护。道化生万物而不据为己有,抚育万物而不自恃功劳,领导万物而不主宰它们,这就是最高深的德。

解读

本章通过讴歌大自然的无为之德,讲述治身、治国的无为之道。

大道赋予万物生命,万物因遵循自然规律而得以繁殖、成长,有形物质造就万物的具体形态，万物因其所处的环境而成熟。自然无为，不主宰、不干涉万物，而是让万物顺应自然规律生长发展。自然无为，抚育了万物却不自恃有功。所以，万物莫不以道为尊，以德为贵。

万物有生就有灭，生于无形，归于无形，这是自然规律。万物归于无形，并不意味着彻底消失，而是进入能量流通和养分循环，来滋养其他生命。比如一片叶子，大地为它提供养料，树干为它供给营养，它出生、长大，然后衰败，等它落下的时候，又会回归大地，化作泥土，哺育新的生命。

无论治身还是治国，都应遵循自然规律，奉行清净无为的原则，如此才能使自我健康长寿，使社会长治久安。

第五十二章

天下有始①,以为天下母②。既得其母,以知其子③;既知其子,复守其母,没身不殆。塞其兑④,闭其门,终身不勤⑤;开其兑,济⑥其事,终身不救。见小曰明⑦,守柔曰强⑧。用其光,复归其明⑨,无遗身殃⑩,是为袭常⑪。

注释

①始:本始,此处指道。
②母:根源,母体,此处指道。
③子:指由道所产生的万物。
④兑:口,出口。
⑤勤:劳作,劳累。
⑥济:助成。
⑦见小曰明:能察见细微,才叫作明。
⑧强:强健。
⑨用其光,复归其明:运用智慧的光,复归内在的明。
⑩殃:灾祸。
⑪袭常:沿袭常道。

译文

世间万物本身都有起始,这个起始就是天地万物的母体。知道万物的根源,就能认识万物;认识了万物又把握着根本,这样终身都不会遭遇危险。堵住欲念的孔穴,关闭欲念的门径,终身都不会劳累;打开

欲念的孔穴，力求成事，终身都不可救治。能洞察深微细小之事叫作"明"，能保持柔弱叫作"强"。运用智慧的光，复归内在的明，这样就不会给自己带来灾难，这就叫作沿袭了常道。

解读

本章通过母子的比喻说明道是万物的起源和根本。然后重申了清净无为的原则。老子认为治身、治国，关闭欲望之门，修身养性，就不会遭遇祸患。

治身要守住真朴，不要感情用事。运用通过大道开启的智慧之光，重新认识现实的人生和社会，才可以真正明察事理。

治国一定要遵循客观规律，决不可使自我居于支配地位，操控一切。因为国家的持久繁荣和稳定，是由民主法治来实现的。舍去私欲，就不会出现灾祸。个人关闭欲念之门，修身养性，就能够远离烦扰之事。统治者关闭欲念之门，一心为民，勤于国事，就能够维持国家的繁荣和社会的安定。

第五十三章

使我①介②然有知，行于大道，唯施③是畏。大道甚夷④，而民⑤好径⑥。朝甚除⑦，田甚芜，仓甚虚，服文采，带利剑，厌饮食⑧，财货有余，是谓盗夸⑨。非道也哉！

注释

①我：指有道的圣人。
②介：微小。
③施：斜路。
④夷：平坦。
⑤民：指人们。
⑥径：小路。
⑦朝甚除：朝政非常败坏。
⑧厌饮食：饱得不愿再吃。厌，通"餍"，饱足，足够。
⑨盗夸：大盗。

译文

使我稍微有点知识，按照道的规律做事，那唯一害怕的就是走上邪路。大道虽然平坦，但人们却喜欢走小路。朝政极其腐败，农田非常荒芜，仓库十分空虚，有人却穿着漂亮的衣服，带着锋利的宝剑，饱得不愿再吃，家里有富余的财货，这种人就叫作大盗。这不是道啊！

解读

本章中，老子痛斥了奢侈无道的统治者。

大道本来是平坦的，而一些统治者却偏偏喜欢走邪路。无道的统治者为了炫耀自己的尊贵，追求浮华奢侈的生活，大兴土木，建造华美宫殿。一边大肆搜刮民脂民膏，一边征调大量民工，导致田地荒芜，粮仓空虚，民不聊生。有不明道的君主，就有不明道的文武百官。他们服文彩、带利剑、厌饮食、财货有余，贪赃枉法。在劳动人民不能真正当家做主的社会里，自上而下的官僚，许多都是徇私舞弊、贪赃枉法、横行霸道、欺压百姓的强盗。他们显摆财富、施展威风、追求享乐，哪里有道德可言？

第五十四章

善建者不拔，善抱①者不脱，子孙以其祭祀不辍②。修之身，其德乃真；修之家，其德有余；修之乡，其德乃长③；修之邦，其德乃丰；修之天下，其德乃普。以身观身，以家观家，以乡观乡④，以邦观邦，以天下观天下。吾何以知天下之然哉？以此。

注释

①抱：抱住，固定。
②辍：停止，断绝。
③长：长久深远。
④以乡观乡：以自乡察看观照别乡。

译文

善于建树的不会被动摇，善于抱持的不会脱落，他们的后代能够遵循这个道理，那么子子孙孙就会绵延不绝。把这个道理用于自身修养，他的德行就会真实纯正；把这个道理用于自家，他的德行就会丰盈富余；把这个道理用于全乡，他的德行就会保持长久深远；把这个道理用于国家，他的德行就会变得丰硕；把这个道理用于天下，他的德行就会得到普及。所以，用自身的修身之道来观察别身；以自家察看观照别家；以自乡察看观照别乡，以我的天下之道察看观照别的天下。我是怎么知道天下的情况的呢？就是通过以上的方法。

解读

本章表达了老子身国同构的思想。

一个善于建功立业的人必定先修养自身,绝不会好高骛远,去做力所不及的事情。一个善于抱持的人必定有正确的思想观念,决不会脱离社会、脱离人民。

通过修身,他的思想才会纯真;把修身之道推及一家,他的品德就会在一家之中保留下来;把修身之道推广到一乡,他的品德就会在一乡中成长;把修身之道推广到一国,他的品德就会在一国中获得丰收;把修身之道推广到整个天下,他的品德就会普及整个天下。

要想建功立业,必须从修养自身做起。治身之道、处世之道、治国之道是统一的,正确的处世之道、治国之道必须通过治身之道来体悟。要想教化人民,不能光凭口头说教,而是要从推广道德开始,由点到面,由近及远,逐渐普及。一旦人人功成德就,社会也就和谐安定了。

所以说,欲建功于天下者,必须以道德化天下;以道德化天下,必须从自身做起。完善的治国之法来源于治身之法,治身之道和治国之道是相辅相成的。

第五十五章

含德之厚，比于赤子。蜂虿虺蛇①不螫②，攫鸟③猛兽不搏④。骨弱筋柔而握固。未知牝牡之合而朘作⑤，精之至也。终日号而不嗄⑥，和之至也。和⑦曰常，知和曰明，益生⑧曰祥⑨，心使气曰强⑩。物壮⑪则老，谓之不道，不道早已。

注 释

①蜂虿虺（chài huǐ）蛇：蜂，毒蜂；虿，蝎类；虺，毒蛇。
②螫（shì）：有毒的虫子叮刺。
③攫（jué）鸟：用利爪抓取食物的猛禽。
④搏：用爪子击物。
⑤朘（zuī）作：婴孩的生殖器勃起。
⑥嗄（shà）：嗓音嘶哑。
⑦和：指阴阳二气和合的状态。
⑧益生：增益生命，刻意求生。
⑨祥：取反意，不祥的意思。
⑩强：强硬，强暴。
⑪壮：强盛。

译 文

道德浑厚的人，就好像婴孩。蜂蝎毒蛇不会螫他，猛兽凶鸟不会抓他。他虽然筋骨柔弱，但握东西却很牢固。他虽然不知道男女交合之事，但他的生殖器却会勃起，这是精气旺盛的缘故。他整天放声大哭，

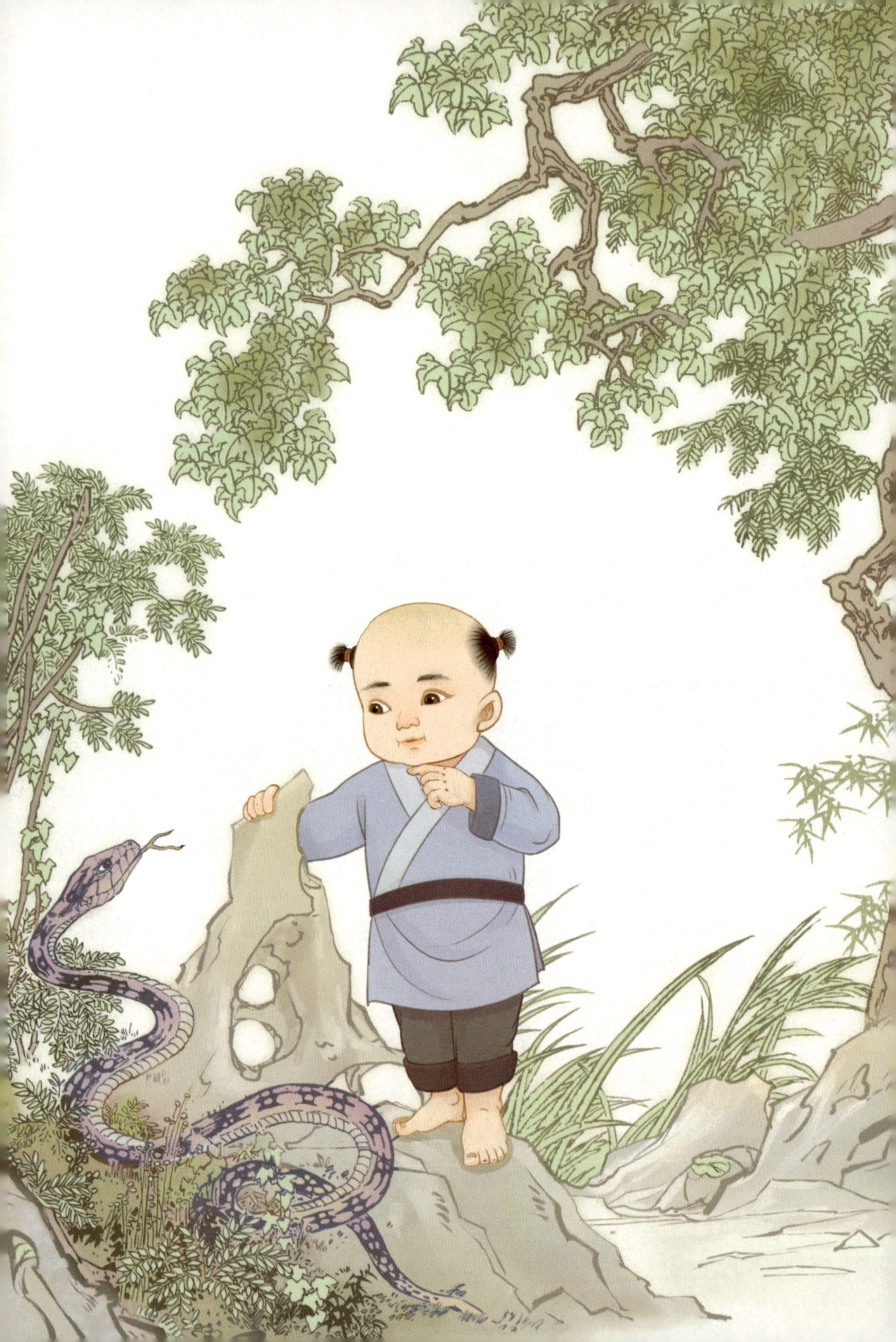

但嗓子却不会沙哑,这是冲和之气旺盛的缘故。"和"就叫作"常",知道"和"的叫作"明",刻意增益生命就会不祥,欲念主使精气就叫作逞强。事物过度强盛就会走向衰老,这就叫不合于道,不合于道就会过早衰亡。

解读

本章将得道者比作婴儿,表现了得道者质朴纯真、柔中有刚的形象。本章通过婴儿的生理现象,总结出了世间万物的一般规律——对立统一规律。

人类最强壮的时期是青年时期,此时人类的身体发育成熟,随着年龄的增加,身体逐渐衰老。世人都认为这是正常现象,而在老子看来,这是不懂得养生之道的结果。

如果纵欲过度,不加节制,执着于名利,不知止足,精神必定大有损耗,身体必定疲惫不堪。如此一来,就会内损外耗,元气大伤,阴阳失和。这就是不懂得养生之道的结果,是不合乎道的。不合乎道,就会过早衰亡。

我们要以顽强的道德意志去克服自我的不道行为,否则就会遭到惩罚。

第五十六章

知者不言,言者不知①。塞其兑,闭其门②,挫其锐,解其纷,和其光,同其尘③,是谓玄同④。故不可得而亲,亦不可得而疏;不可得而利,亦不可得而害;不可得而贵,亦不可得而贱。故为天下贵。

注释

①知者不言,言者不知:聪明的人不多说话,到处说长论短的人不聪明。

②塞其兑,闭其门:堵塞嗜欲的孔窍,关闭嗜欲的门径。

③和其光,同其尘:平和其光耀,混同其尘世。

④玄同:指道玄妙齐同。

译文

智者不会多说话,到处说长论短的人没有智慧。堵塞嗜欲的孔窍,关闭嗜欲的门径,挫平锋芒,解除纷争,收敛光耀,混同尘世,这就是深奥的玄同。达到玄同境界的人,没有人可以亲近,也没有人可以疏远;没有人可以给予他利益,也没有人可以伤害他;没有人可以使他高贵,也没有人可以使他低贱。所以玄同的境界为天下人所珍视。

解读

本章论述了真人、圣人之所以为天下人所珍视的原因。说明人生的真谛在于认识自我、超越自我、创造真我。

老子认为,真正有涵养有智慧的人都是谨慎言谈的。因为他们越懂得多，就越不敢妄加议论，就越谦恭、内敛。相反，没有智慧、知识匮乏的人才喜欢到处说长论短。有道之人彻底抛弃了不合大道的自我主观意愿、情感，不为一切主观的好恶、是非、美丑等情感所羁绊。他们将功名利禄、荣华富贵视为尘土，不以己悲，不以物喜，一切顺其自然。这就是玄同的境界。玄同的境界幽深高妙，为人珍视，难能可贵。

　　只有重塑自我，才能与宇宙同心，才能树立正确的世界观、人生观和价值观。以超脱自我的精神从事社会实践活动，才会有益于他人，有益于社会。这样的人，必然会成为社会上的可贵之人。

第五十七章

以正①治国,以奇②用兵,以无事取③天下。吾何以知其然哉?天下多忌讳④,而民弥叛;民⑤多利器⑥,国家滋昏;人多知而奇物⑦滋起;法令滋章,盗贼多有。是以圣人之言曰:"我无为,而民自化⑧;我好静,而民自正;我无事,而民自富;我无欲,而民自朴。"

注 释

①正:正道,指无为之道。
②奇:奇巧,诡秘。
③取:取得。
④忌讳:禁忌,避讳。
⑤民:一作"朝"。
⑥利器:锐利的武器。
⑦奇物:邪事,奇事。
⑧自化:自我化育,自然顺化。

译 文

以正道治理国家,以奇巧的计谋用兵,以无所作为取得天下。我怎么知道这种道理呢?天下的禁忌越多,百姓反叛得就越厉害;百姓的锋利武器多了,国家就会越来越混乱;人们的智巧越多,邪事奇事就越兴盛;法令越是森严,盗贼就会越多。所以圣人说:"我无所作为,百姓就自然顺化;我喜好清净,百姓就自然走正道;我不生事端,百姓就自然富足;我没有欲望,百姓就自然淳朴。"

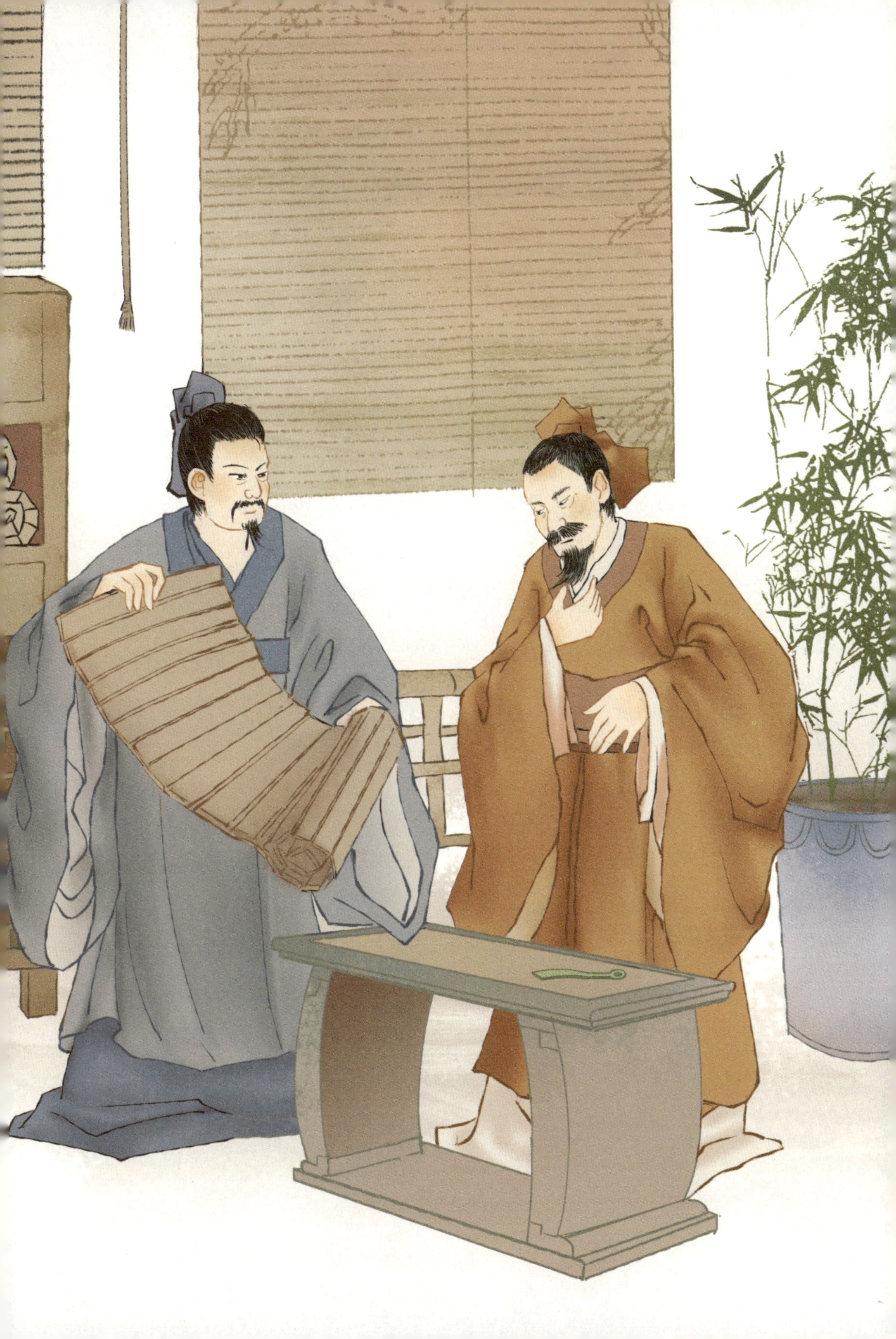

解 读

本章讲述了无为治国的三个要点，即"以正治国，以奇用兵，以无事取天下"，然后从忌讳、利器、智巧、法令四个方面说明了无为之治的重要性。

统治者多忌讳，国家的法令烦琐森严，百姓不知道自己哪里一不小心就会触犯了法令，做起事来小心翼翼，不敢越雷池一步，为求自保，为了少错，宁可少做，这样也就谈不上什么发展了。当人心不能够顺其自然、清净平正时，面对种种利器、智巧、法令，盗贼奸伪自然就会兴起。

所以，老子提倡加强自我道德修养，让人们在自悟的过程中，逐渐确立正确的思想观念、科学的世界观和认识论；热爱和平，拒绝战争，人民就会生活在民主自由、和平稳定的社会里，自然生活富足；反对利己主义，倡导集体主义。只要人人消除了自我私欲，人民自然就会归于淳朴。

第五十八章

其政闷闷①,其民淳淳②;其政察察③,其民缺缺④。祸兮,福之所倚;福兮,祸之所伏。孰知其极?其无正⑤也?正复为奇,善复为妖⑥。人之迷⑦也,其日固久矣。是以圣人方而不割⑧,廉⑨而不刿⑩,直而不肆⑪,光而不耀⑫。

注释

①闷闷:含糊不清。

②淳淳:通"惇",淳朴厚道。

③察察:明辨、明察的样子。

④缺缺:狡狯的样子。

⑤其无正:指福祸变换并没有确定的标准。正,标准、界限。

⑥正复为奇,善复为妖:正的变为邪的,善的变成恶的。正,方正,正义。奇,反常,邪。妖,邪恶。

⑦迷:指人迷惑于祸福之门,而不知其循环相生之理。

⑧方而不割:方正却不割伤人。

⑨廉:棱角,引申为锋利。

⑩刿(guì):刺伤。

⑪直而不肆:直率而不放肆。

⑫光而不耀:光亮而不刺眼。

译文

政治含糊不清,百姓就淳朴厚道;政治明察是非,百姓就狡黠欺诈。

幸福依傍在灾祸旁边；灾祸藏伏在幸福里面。谁知道灾祸和幸福的极限呢？它们并没有确定的标准。正义忽然转变为奇邪，善良忽然转变为邪恶，人们迷惑于这一点，由来已久了。因此，圣人方正而不割伤人，有棱角而不刺伤人，直率而不放肆，光亮而不刺眼。

解读

本章开头对两种不同的社会制度和不同的理政措施所带来的不同的社会效果进行比较，说明统治者"有为""有欲""好动""有事"，就治理不好国家，从而主张朴治，否定人治。

本章接着由政治措施的对比引出福和祸这一矛盾体互相转化的道理，说明了矛盾双方对立统一的规律，并对这一规律的幽深高妙和难以把握发出感叹。最后，赞扬了圣人方而不割、廉而不刿、直而不肆、光而不耀的品性。

圣人正是因为深谙矛盾的正反两方面互相转化之理，所以从不走极端，从不锋芒毕露。他内敛敦厚，伺机而动，这就是圣人的智慧。

第五十九章

治人事天①,莫若啬②。夫唯啬,是以早服③;早服谓之重积德④;重积德则无不克;无不克则莫知其极;莫知其极,可以有国;有国之母⑤,可以长久。是谓深根固柢⑥、长生久视⑦之道。

注释

①事天:事奉天道。

②啬:爱惜,吝啬。

③早服:及早从事于道。

④重积德:不断地积德。

⑤有国之母:有国,保国。母,根本,原则。

⑥柢:树根向四边延伸叫根,向下扎叫柢。

⑦长生久视:长久地维持、存在。

译文

治理百姓事奉天道,没有比爱惜精神更重要的。懂得爱惜,才会早做准备;及早从事于道,就是不断地积德;不断地积德,就没有什么不能战胜的;没有什么不能战胜,就无法估量他的终极实力,具备了这种无法估量的力量,就可以保有国家。保有国家的根本,国家就可以长治久安。这就是根深蒂固,得以长久存在的方法。

解读

本章讲治国与养生的原则和方法。

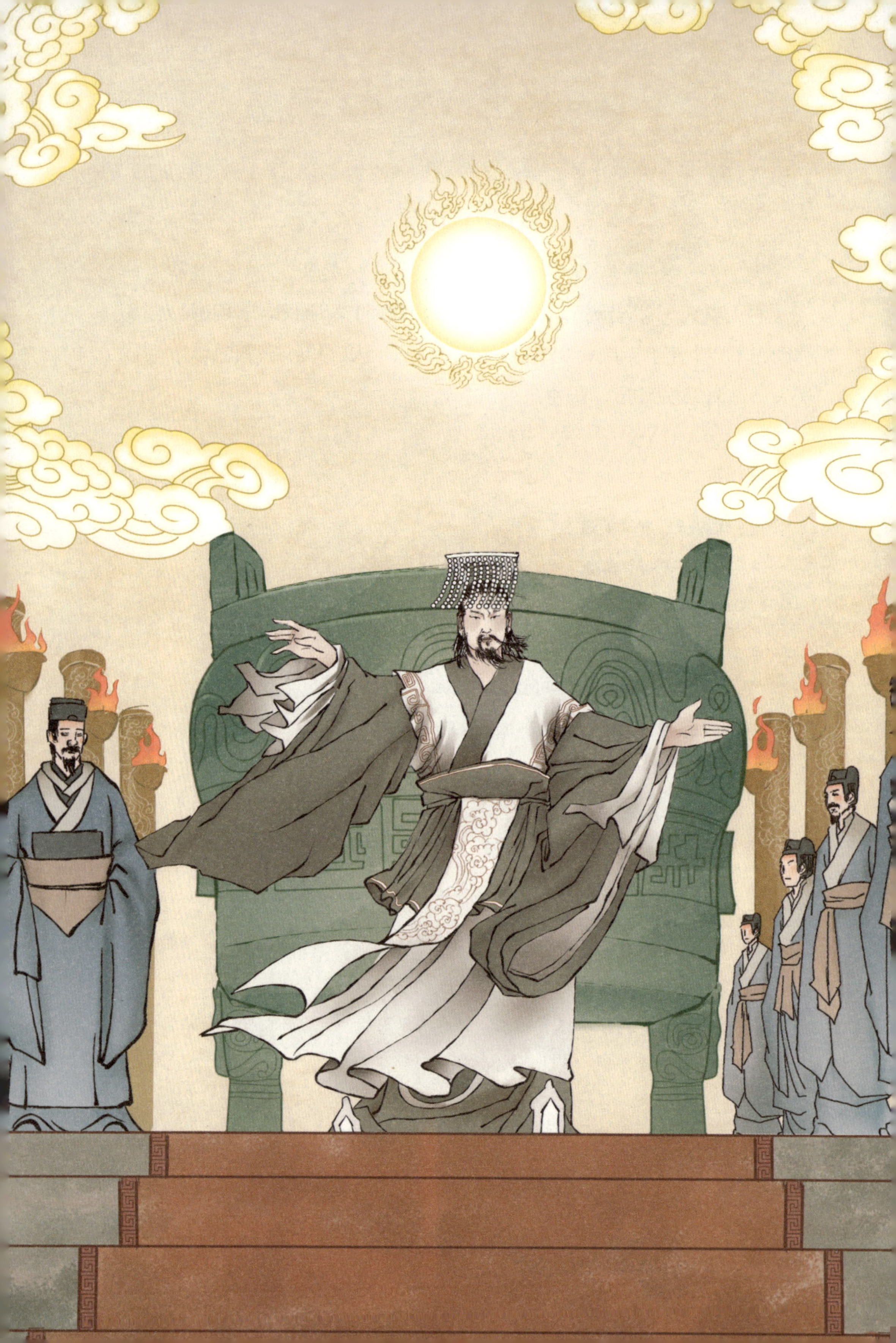

老子赞扬吝啬精神，不是专指爱惜财物，是指在精神上注意积蓄、养护，在处事上注意收敛、节制。这是修身养性的重要方法。要真正做到精神上的"啬"，就要积累雄厚的德，有了德，也就接近了道。

　　就治国而言，节俭之德同样重要。治理国家也应注意积蓄、节制、收敛。在物质上不能奢侈浪费，要爱护资源，这样方可保证社会的永续发展。同时，统治者应加强自身修养，管理百姓不能用强制的方式，不能任意妄为，而应顺应客观规律，奉行无为之治。

第六十章

治大国，若烹小鲜①。以道莅②天下，其鬼不神③；非其鬼不神，其神不伤人；非其神不伤人，圣人亦不伤人。夫两不相伤④，故德交归焉⑤。

注释

①小鲜：小鱼。
②莅(lì)：临，引申为管理。
③其鬼不神：鬼神不显灵。
④两不相伤：鬼神和圣人不伤害人。
⑤故德交归焉：所以功德都归于圣人。

译文

治理大国，就像煎烹一条小鱼。用道管理天下，鬼神就不会显灵；不是鬼神不显灵，而是显灵也不会伤害人；不是显灵也不会伤害人，而圣人也不会伤害人。鬼神和圣人都不伤害人，所以功德都归于圣人。

解读

本章将治理大国比作烹制小鱼，生动形象地强调了依道治国的重要性。

治国策略可以从烹制小鱼的方法上得到启示。小鱼肉嫩、骨小，烹制的关键在于把握火候，火小鱼不熟，火大鱼肉容易焦煳酥烂。将这一道理用在治国上，就是要求统治者正确处理政府官员和人民群众的关系，既不能搞无政府主义，也不能任凭政府官员利用职权去贪赃枉法、

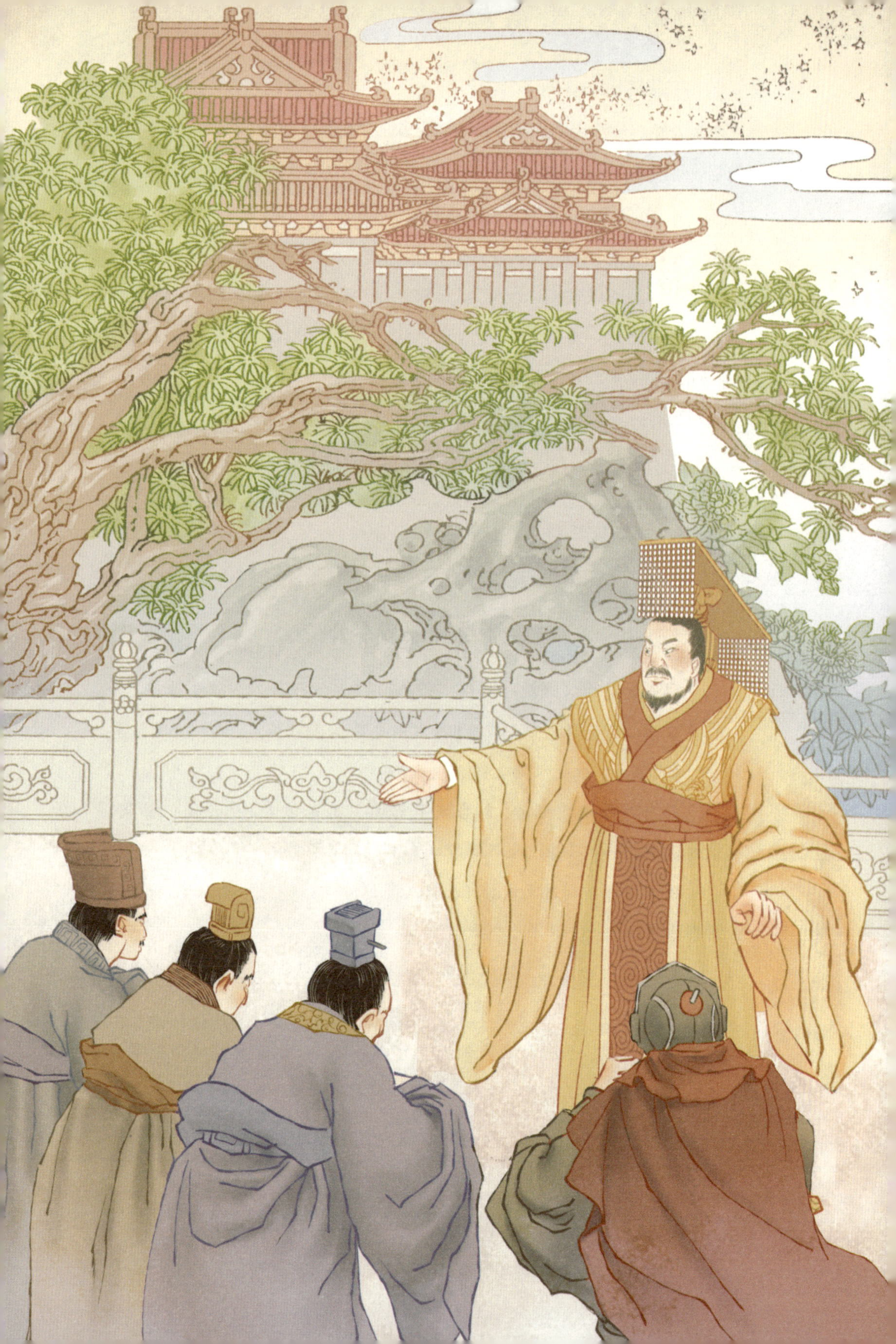

伤害人民。统治者治理天下要谨慎从事，不可操之过急，不可干预过度，要戒骄戒躁，不轻举妄动。

在无道的社会里，恶人横行霸道，黑恶势力猖獗，善良的劳动人民成了他们欺压伤害的对象。

在有道的社会里，圣人"以百姓之心为心"，高举正义之剑，横扫害人的牛鬼蛇神。鬼神不敢害人，圣人也不去伤害人民。因为圣人是受人民拥护和推崇的，圣人所持的"尚方宝剑"是由人民铸造并用来维护人民利益的。

若天下有道，人民有德，则鬼神匿迹，社会安定。

【延伸阅读】

郑当时廉洁奉公

郑当时是西汉时期的大臣，汉景帝时，任太子舍人。汉武帝时，历任鲁中尉、济南郡太守、江都相、右内史等。在职期间，他一直廉洁奉公，谦恭温和，很受人们敬仰。

郑当时做右内史时，曾告诫下属说："有来访者，无论高低贵贱，皆请进来，一律不得让人滞留门口等候。"

他非常注重待客之礼，自己虽居高位，一言一行、一举一动却总是尊客人为上。

郑当时十分廉洁，不添置私产，官俸和赏赐所得也多是馈赠给年长的友人。

每逢上朝，遇有向汉武帝进言的机会，他必称道天下德高望重的人。听到谁发表了高见，便马上向汉武帝报告，唯恐延迟误事。

他津津乐道、饶有兴味地推举士人和下属官吏，常常说："他们比我贤能，我只是运气好，才得以身居高位。"

他从不直呼官吏姓名，跟属下谈话时，也用词谨慎，十分谦和，好像生怕伤害了对方一样。

因此，郑当时的声望渐渐提高，当地的人们一致称赞他的美德。

萧规曹随

汉惠帝即位第二年，相国萧何病重。汉惠帝亲自去探望。萧何向汉惠帝推荐曹参来接替自己相国的位子。曹参原是个将军，身经百战，到了老年却专修黄老之术，讲究清净无为。他在给齐王刘肥做齐相的时候，曾向隐士盖公请教治理天下之术。盖公建议他无为而治，尽可能不去打扰百姓，曹参听取了他的建议。曹参做了九年齐相，齐国一直比较安定。

萧何死后，汉惠帝即命曹参进长安，接替萧何做相国。曹参还是沿用盖公无为而治的办法，一切都不变动，完全按照之前萧何制定的规章制度来。有些大臣看不下去了，有点着急，就去找他，想劝说一下。但是他们一到曹参家里，曹参就拉着他们一起喝酒。要是有人提起朝廷大事，他总是把话岔开，弄得别人没法开口。最后客人喝醉回去，想提的意见都没说出来。

汉惠帝看到曹相国这副样子，很不高兴，也有点不踏实。一天，惠帝对任中大夫的曹窋（曹参的儿子）说："你回家的时候，找个机会问问你父亲，高祖驾崩不久，朕尚年轻，国家大事还得靠相国来辅佐。可他天天喝酒闲聊，不问政事，这么下去，怎么能够治理好国家呢？看你父亲怎么说，然后来向我回报。"曹窋回家后把惠帝的话一五一十跟曹参说了一遍。曹参非常生气，他骂道："你个小孩子懂什么，国家大事也轮到你来啰唆。"说着，竟命人拿板子把曹窋打了一顿。曹窋非常委屈，回宫后向汉惠帝诉说了此事。

第二天下了朝，汉惠帝对曹参说："曹窋跟你说的那些话是我的意思，你为什么要打他呢？"曹参向惠帝叩头谢罪，然后说："请问陛下，您跟高祖比，谁更贤明呢？"汉惠帝说："我怎么能比得上高祖？"曹参说："我跟萧相国比较，谁更能干？"汉惠帝笑着说："你好像不如萧相国。"曹参说："陛下说得对。陛下不如高祖，我又不如萧相国。高祖和萧相国平定了天下，又制定了一套完备的规章法令。我们只要按照他们的规定继续办，不要失职就是了。"汉惠帝道："我明白了。"

曹参坚持黄老学说，做了三年相国。由于那时候国家刚经历了长期战争的动乱，百姓需要安定，他无为而治的办法没有给百姓增加更多的负担。当时还有人编了歌谣称赞萧何和曹参。这件事就是历史上著名的"萧规曹随"。

在现实生活中，我们常见到一些新上任的管理者，为了表现自己的能力，并显示自己与前任不同，总是急急有所作为。事实证明，这种急于求成、不顾原本的运行规律的做法往往是欲速则不达的，其原因就是他们违背了无为而治的管理原则，想以个人的力量去改变事物运转的规律。

敬姜劝子

春秋时期的鲁国，有个叫公父文伯的大夫。他的母亲叫敬姜，是一位很有见识的妇女。公父文伯年轻的时候，就做了大官。别人都夸奖他，他也非常得意。

有一天，公父文伯办完公事，回家看望母亲。他一进家门，就看见母亲正在纺麻线。公父文伯连忙走上前去，对母亲说："哎呀！像我们这样的人家，您还要摇车纺麻，要是让人知道了，非笑话我不可，还会怪我不孝敬您呢！"

敬姜叹了口气说："让你这样无知的人做官，鲁国恐怕要灭亡了啊！你懂不懂做官的道理？"公父文伯惊讶地问："母亲，您为什么这样说？有这么严重吗？"敬姜叫儿子坐在纺车对面，郑重地说："从前，圣明的君主治理百姓，常常要选择贫瘠的地方让他们去居住，使他们辛苦劳作。这是因为百姓辛勤劳作，就会想到节俭；想到节俭，就会产生善心。反过来说，安逸享乐就会使人放纵；放纵了，就会忘记德行；忘记德行，就会产生邪恶之心。

"天子每日考察政务、安排诸事、认真祭拜；官员们每日处理政务和家事；学生们每日学习、复习、反省；平民们每日日出而作，日落而息。从上到下，没有人有一天懈怠的。这是先王的训示。

"而你做了官以后，整天得意忘形，把先辈艰苦创业的事都忘了。动不动就说什么'怎么不自我享乐呢'。这样下去，早晚有一天，你会犯罪的！你千万不要忘记先人的传统啊！"

公父文伯低下头，红着脸说："我明白了，母亲，我以后一定不这样了。"

敬姜劝子的苦心，让公父文伯的心灵受到了震动，这种警钟也要在我们脑海里时时敲响，生于忧患，死于安乐，我们时时都要有忧患意识。

第六十一章

大邦者，下流也，天下之牝也。天下之交①也，牝恒以静胜牡。为其静也，故宜为下也。故大邦以下小邦，则取小邦；小邦以下大邦，则取于大邦。故或下以取，或下而取②。大邦不过欲兼畜人③，小邦不过欲入事人。夫两者各得其所欲，则大者宜为下。

注释

①交：交合。
②取：获得。
③兼畜人：把人聚在一起加以养护。

译文

一个大国，要居于天下的下游，处在天下雌柔所在的地方。天下的雌雄交合，雌柔常以安静守定而胜过雄强，因为雌性安静，所以应该居于柔下。因而，大国对小国谦下，就可以取得小国的依赖；小国对大国谦下，就可以取信于大国。所以，有的国家自居于下而获得拥护，有的国家自居于下而获得接纳。大国不过是想接纳吸收别国加入自己，小国不过是想加入别国、事奉别国。这样双方都能满足自己的要求，那么大国就更应该自居于下位。

解读

本章表现了老子的外交理念，老子认为大国和小国应该和平共处，大国和小国都应该保持谦下的姿态。

大国守静处下，是符合客观规律的。如果大国能够以谦下守静之德对待小国，就可以取得小国的拥护和归顺；倘若大国以强凌弱，以大欺小，就违背了客观规律，最终必会败亡。如果小国以柔和守静之德对待大国，则可以取得大国的接纳和保护；小国若轻举妄动，以小犯大，也是违背了客观规律，必然国破人亡。

　　不管是大国征服小国，还是小国征服大国，其前提条件都是守静谦下，大国和小国的和平共处是建立在相互信任、相互尊重的基础上的。大国取得小国的归顺，目的应是为了让更多的人加入道德的行列，使道德之树茁壮成长。小国加入大国，目的应是同大国一起发扬道德，让道德普及天下。

　　大国与小国建交，既实现了共同的目标，又满足了各自的愿望。在建交之初，大国更应该有大国的风度，以主动谦下之德去接纳小国。

　　若国与国之间能够相互尊重、相互合作，和平共处，那么人类社会就得以繁荣和稳定。

第六十二章

道者万物之奥①。善人之宝,不善人之所保②。美言可以市③,尊行可以加人④。人之不善,何弃之有?故立天子,置三公⑤,虽有拱璧以先驷马⑥,不如坐进⑦此道。古之所以贵此道者何?不曰:求以得⑧,有罪以免⑨邪?故为天下贵。

注释

①奥:藏,有庇荫之意。

②不善人之所保:不善之人所赖以自保的东西。

③美言可以市:美好的言辞可以用于交易。

④加人:施加于人,使人得到好的影响。

⑤三公:周朝以太师、太傅、太保为三公。

⑥拱璧以先驷马:拱璧,指圆形的、中间有孔的玉。驷马,四匹马驾的车。

⑦坐进:立即进献。

⑧求以得:有所求而能得到。

⑨有罪以免:有罪的人得到道,可以免去罪过。

译文

道是万物的荫庇。善良的人珍视它,不善的人也赖以自保。美好的言辞可以用于交易，高尚的行为可以给人施加影响。不善的人有什么可抛弃的呢？所以在天子即位、设置三公的时候，虽然有拱璧在前、驷马在后的献礼仪式，但不如立即进献此道。自古以来，人们之所以珍视道，是为什么呢？不正是由于求它庇护就一定可以得到满足，犯了罪过也可得到宽恕吗？因此，天下人才把道当作珍宝。

解读

本章再一次宣扬道的好处和作用，强调了道的可贵，分析了人们珍视道的原因。

道，蕴藏着宇宙万物存在和发展变化的奥妙。老子认为，清净无为的道，不但是善良之人的法宝，即便是不善的人也必须拥有它。

善人得道，获得人生幸福和大智大慧，终生受用。

那些一味追求外在功利、放纵自己欲望的不善之人不可能得道，但是为了获得个人利益，为了满足个人欲望，他们又不得不借助道来掩饰自己、伪装自己。

道保护善人，但也不抛弃不善之人，它有求必应，有过必除。这是道面前人人平等的思想，体现了道的宽厚无私。

第六十三章

为无为①，事无事，味无味。大小多少②，报怨以德。图难于其易，为大于其细。天下难事，必作于易；天下大事，必作于细。是以圣人终不为大③，故能成其大。夫轻诺必寡信，多易必多难。是以圣人犹难之，故终无难矣。

注释

① 为无为：以无为的态度去作为。
② 大小多少：把小看作大，把少看作多。
③ 不为大：有道的人不自以为大。

译文

以无为的态度去作为，以不滋事的方法去处理事物，把无味当作有味。把小看作大，把少看作多，用德行来回报怨恨。处理难题要从容易的地方入手，实现远大目标要从细节入手。天下的难事，一定从简易的地方开始；天下的大事，一定从微细的部分开始。有道的圣人始终不自以为大，却能做成大事。那些轻易承诺的，必定信用不足，总把事情看得容易，势必会遇到很多困难。因此，圣人尚且把事情看得很难，这样最终也就没有什么困难了。

解读

本章论述了大小、多少、难易的辩证关系，并指明了对待这些矛盾的正确态度，即遵循事物发展的客观规律，以无为的态度去作为。

解决难题，要从最容易的地方开始，做大事，要从最小处着眼。国家那些很难解决的问题，必定都是由一些小的难题积聚起来的；国家所取得的巨大成就，必定都是从小事开始、一步一步实现的。所以，圣人治理国家自始至终所从事的看起来似乎都是一些小事，但也正是因为解决了这些小事，才化解了国家的困难，把国家建设得繁荣富强，同时也铸就了圣人的伟大形象。

轻易许诺的人容易失信于人，因为他考虑问题不慎重、不充分，他总是把问题想得很简单，等到实际去做的时候，却发现不是他当初想象得那么容易。一旦失信于人，就很难再得到众人的帮助；得不到众人的帮助，困难就会变多。所以，"寡信"必会造成"多难"。而圣人从不把事情看得简单，总是举轻若重，慎重地去做事，这样一来，他反而不会面临很大的困难。

第六十四章

其安易持，其未兆易谋，其脆易泮①，其微易散。为之于未有，治之于未乱。合抱之木，生于毫末②；九层之台，起于累土③；千里之行，始于足下。为④者败之，执者失之，是以圣人无为故无败，无执故无失。民之从事，常于几成而败之。慎终如始，则无败事。是以圣人欲不欲，不贵难得之货；学不学⑤，复众人之所过，以辅万物之自然而不敢为。

注释

①泮（pàn）：分开，破灭。

②毫末：细小的萌芽。

③累土：堆土。

④为：有所作为。

⑤学不学：以不学为学。

译文

局面安定时则容易掌握，事情没有出现征兆时则容易处理，事物发展尚处于脆弱的时候则容易破灭，事物发展尚处于细微时则容易消散。坏事要在它尚未成时前就处理妥当，要在祸乱没有产生时就早做治理。合抱的大树，生长于细小的萌芽；九层的高台，筑起于每一堆泥土；千里的行程，是从迈开的第一步开始的。有所作为者将会招致失败，有所执着者将会失去所有。圣人无所干预，所以不会招致失败，无所执着所以不会遭受损失。人们做事情，总是在快要成功时失败。所以，当事情快要结束时，也要像开始时那样小心谨慎，这样一来，就没有办不成的事

情。因此，有道的圣人向往别人所不向往的，不稀罕难得的财物；学习别人所不愿意学的，纠正众人的过错，遵循万物的自然本性而不会妄加干预。

解读

　　本章论述了事物发展从量变到质变的原理,告诫人们做事情要循序渐进,遵循客观规律,认真做好每一步。如果麻痹大意、急于求成,就容易功败垂成。

　　圣人做事情,始终遵循自然规律,不将自己置于支配地位而对事物妄加干预。如果不能自觉遵循客观规律,心存名利,执着于自我而胆大妄为,必然会遭到惩罚。

　　慎终如始十分重要,如果在接近成功的时候仍能保持举事之初的谨慎,就不会有失败了。中国历史上的农民起义,往往在接近成功的时候遭到失败,其中一个重要原因就是起义者的思想发生了转变。举事之初,他们怀着对统治阶级的无比仇恨和对劳苦大众的深切同情而高举义旗,旨在为穷人打天下。革命即将成功的时候,他们却迫不及待地享受胜利果实,以至于内部争权夺利,导致革命失败。倘若他们能够慎终如始,并摆正自己与人民、与国家的利害关系,想必结果会大大不同。

第六十五章

古之为道者，非以明①民，将以愚之②。民之难治，以其智③多。故以智治国，国之贼④；不以智治国，国之福。知此两者⑤亦稽式⑥。常知稽式，是谓玄德，玄德深矣远矣，与物反矣⑦，然后乃至大顺⑧。

注释

①明：使……聪明。

②将以愚之：使老百姓无巧诈之心，敦厚朴实、善良忠厚。愚，敦厚朴实，没有巧诈之心。

③智：巧诈、奸诈，而非智慧、知识。

④贼：害，祸害。

⑤两者：指上文"以智治国，国之贼"与"不以智治国，国之福"。

⑥稽式：法式，准则。

⑦与物反矣：德和万物复归于真朴。

⑧大顺：指太平之治。

译文

古代那些善于为道的人，不是要使百姓聪明，而是让百姓淳厚朴实。百姓之所以难于管理，是因为他们的智巧心机太多。所以，用智巧来治理国家，就必然会危害国家；不用智巧治理国家，才是国家的福气。了解这两点也是治国的法则。经常了解这个法则，就叫作玄德。玄德深沉又深远，与万物复归于真朴，然后就能达到太平之治。

解 读

　　本章明确提出反对以智治国，反对统治者玩弄权术来管理百姓，而是提倡依道治国，复归真朴。

　　老子在这里所说的"愚"，绝不是"愚民政策"，反而是明民之举。放弃智巧才能明白真我，明白真我才能明白世界。以自我为中心，是个人主义、利己主义，是人心浮躁、社会纷乱的根源；以他人为中心，是集体主义、利他主义，是人心安定、天下大治的根本。"非以明民，将以愚之"，是说要消除人们的个人主义、利己主义思想，培养人们的利他主义、集体主义的思想。老子认为这才是治国的正道。

　　以智治国就是利用自我之智实行人治。所谓人治，就是由统治者垄断国家权力，实行专制统治，最大限度地满足统治者的欲望，这必然会对国家造成巨大的危害。不以智治国，就是要实行无为之治，要"以百姓之心为心"。人民当家做主，享有充分的人权和自由，这自然是国家和人民的福气。

第六十六章

江海所以能为百谷①王者，以其善下之，故能为百谷王。是以欲上民，必以言下之；欲先民，必以身后之。是以圣人处上而民不重②，处前而民不害。是以天下乐推而不厌。以其不争，故天下莫能与之争。

注释

①百谷：百川。
②重：累，不堪重负。

译文

江海之所以能够成为百川之王，是因为它善于处在地势低洼的地方，所以能够成为百川之王。因此，圣人要领导人民，就要用言辞对人民表示甘居其下；要想领导人民，必须让自己处于他们的后面。故而有道的圣人虽然高高在上，但人民并不感到负担沉重，圣人居于人民之前，但人民不觉得受到损害。所以，天下的人民都乐意拥戴圣人而不会厌倦。圣人不与人民相争，因而天下没有人能和圣人相争。

解 读

本章体现了老子的民主思想，热情讴歌了实行民主政治的圣人，赞颂了圣人的伟大。

老子将圣人比作江海，认为圣人之所以能够成为百姓之王，是因为圣人谦和爱民，甘居百姓之下，不与百姓相争。

圣人的权力不是靠玩弄权术得来的，也不是通过世袭继承得来的，而是以高尚品性赢得人民拥护的结果。如果不能获得广大人民群众的信任，就不可能真正获得权力，也不可能保持国家的长久繁荣和稳定。在有道的社会里，统治者是由人民推举产生的，统治者的权力来源于人民。想要领导人民，就必须把自己的利益放在人民的后面，甘居人民之下。

那些为了个人名利而争权的人，人民决不会把权力授予他们。不争名利而争得民心，便是不争之争。不争之人，是争名争利者永远不可战胜的。

第六十七章

天下皆谓我大，大而不肖①。夫唯不肖，故能大。若肖，久矣其细②也夫。我恒有三宝③，持而宝之：一曰慈，二曰俭④，三曰不敢为天下先。夫慈故能勇⑤，俭故能广⑥，不敢为天下先，故能为成器长⑦。今舍其慈且勇，舍其俭且广，舍其后且先，则死矣。夫慈，以战则胜，以守则固。天将建之，如以慈垣⑧之。

注释

①肖：相似。

②细：渺小。

③三宝：三件法宝或三条原则。

④俭：啬，保守，有而不尽用。

⑤慈故能勇：仁慈所以能勇武。

⑥广：广博。

⑦器长：万物的首长。器，指万物。

⑧垣：墙，此处有保护之意。

译文

天下人都说我大，好像不像任何具体的事物。正因为不像任何具体的事物，所以才能大。如果像具体的事物，就显得渺小了。我有三件法宝，一直持有并保全它：第一件叫作慈爱，第二件叫作节俭，第三件是不敢居于天下人的前面。慈爱让人勇武，节俭使人大方，不敢居于天下人之先，所以能成为天下人的首长。现在要舍弃慈爱以及勇武，舍弃节俭以及广博，舍弃退让以及先进，也就离死亡不远了。用慈爱来征战就能够胜利，用慈爱来守卫就能固守。上天要树立一个人，就会用慈爱来保护他。

解读

圣人伟大，而他平易近人的形象和以往人们心目中显赫的帝王形象不一样。正因为伟大，他才和已往的帝王们不一样。如果和他们一样的话，那么，随着历史的发展、时代的变迁，也就不再伟大了。

圣人有三宝：慈、俭、不敢为天下。

慈强调的是仁爱之心，慈是至柔的，却可以产生勇。俭不仅指对财物的节约，还指收敛自我、约束自我、不放纵欲望。不敢为天下先是指守静谦下，进退有节，不锋芒毕露，不以自我为中心，不做百姓的主宰。

以仁慈之心指导战争，始终保持优势兵力，这样才能取得胜利。仁慈之德合乎天地之道，合道则胜，违道则败。坚守仁慈之德，是一个人和一个国家立于不败之地的根本保证。

第六十八章

善为士①者不武,善战者不怒,善胜敌者弗与②,善用人者为之下。是谓不争之德,是谓用人,是谓配天③,古之极也。

注释

①士：即武士，这里作将帅讲。
②弗与：不争，不正面冲突。
③配天：符合天道。

译文

善于带兵打仗的将帅，不崇尚武力，善于作战的人，不轻易发怒，善于胜敌的人，不与敌人正面交锋，善于用人的人，居于人下。这叫作不争强好胜的品德，这叫作用人的能力，这叫作符合天道，这是古人的最高准则。

解读

不逞强、不轻易动怒、不感情用事，谦下、守静，是一种克制而不盲动、不争一时之勇的美德。

不争则守，守则敌动我静，动则必耗其力，静则养精蓄力。我以逸待劳，以静制动，又以强大的兵力作后盾，自然可以取胜，这是符合天道的。

第六十九章

用兵有言:"吾不敢为主①而为客②,不敢进寸而退尺。"是谓行③无行,攘无臂,执无敌,乃无敌矣④。祸莫大于轻敌,轻敌几丧吾宝。故抗兵相若⑤,哀⑥者胜矣。

注释

①为主:主动进攻,进犯敌人。
②为客:被动退守,不得已而应敌。
③行:布阵。
④乃无敌矣:那就所向无敌了。
⑤抗兵相若:两军相当,势均力敌。
⑥哀:悲悯。

译文

用兵的人曾说:"我不敢主动进攻,而宁可被动应战;我不敢前进一寸,而宁可后退一尺。"这就叫摆起阵来,却像没有阵势可摆一样,虽然要举起手臂,却像没有臂膀可举一样,即将交战,却像没有敌人可打一样,这样一来,便所向无敌了。没有比轻敌更大的祸患,轻敌会让我丧失我的法宝。所以,两军势均力敌的时候,怀有悲悯之心的一方肯定能获得胜利。

解读

本章论述了老子的用兵之道。强调用兵要戒骄戒躁，不可轻敌，要奉行慈、俭、不敢为天下先的原则。

凡用兵交战，当进则进，当退则退。进不是因为逞强、恼怒，而是适时进攻；退不是消极、惧怕，而是为了保存优势兵力，不做无谓的牺牲。要做到敌动我静，以静制动，以逸待劳，防止陷入敌人的包围圈。

轻敌是用兵的大忌。轻敌必骄，骄兵必败。所以，要抛弃轻敌思想。两军相争，若兵力相当，有悲悯之心的一方定会取胜。这是老子守静不争的思想。

第七十章

吾言甚易知，甚易行；天下莫能知，莫能行。言有宗①，事有君②。夫唯无知，是以不我知。知我者希，则我贵③矣。是以圣人被褐④而怀玉⑤。

注释

①宗：主旨。
②君：根本，要领。
③贵：尊贵，高贵。
④褐：粗布。
⑤怀玉：怀揣着知识和才能。玉，美玉，此处引申为知识和才能。

译文

我的言论很容易懂，也很容易施行；但是天下竟没有谁能理解，没有谁可以实行。言论有宗旨，行事有要领。正因为人们无知，所以才不懂得我。能理解我的人很少，那么我就更高贵了。因此，圣人往往穿着粗布衣服却怀揣着美玉。

解读

本章中老子感叹世人不能知道、悟道，并赞扬了圣人质朴而高洁的品性。

大道是深奥的，又是简明易行的。大道隐藏于自身，只有求之于内，才能认识世界的本质规律。世人执着于对外部世界的认识，因此不能悟道。

以自我来认知现象世界,是肤浅的、主观片面的;以真我来认知世界本质,才是深刻的、客观全面的。

人们没有获得真知的原因是不能以真我来认知世界,认识真我的人很少,能够效法真我并用真我来规范自我的人是难能可贵的。圣人之所以能成为圣人,是因为圣人关注的不是表面而是内在。

【延伸阅读】

三通鼓曹刿胜齐

春秋时期,齐王派高傒、鲍叔牙、公子雍率大军攻打鲁国。鲁庄公大惊失色,不知所措。

这时,曹刿请求拜见鲁庄公。曹刿是周文王的儿子曹叔振铎的后人,是当时的一位隐士。曹刿入官见到鲁庄公后,问:"您凭借什么条件跟齐国作战?"鲁庄公说:"衣食之类的东西,我不敢独自享有,一定把它分给别人。"曹刿说:"这些都是小恩小惠,不能遍及百姓。百姓是不会听从您的。"鲁庄公又说:"祭祀用的牛羊和玉器,我从不虚报数量,一定说实话。"曹刿说:"这些都是小的信用,不会使神灵信服。"鲁庄公接着说:"大小案件,我必定会依据事实来裁决。"曹刿说:"这才是尽了本职。可以凭借这个条件去打仗了。请让我随军参战。以便随机应变。"

庄公同意了,便让他做参谋,二人同坐一辆战车,来到长勺和齐军对战。

齐将鲍叔牙见鲁军出迎了,立即下令全面出击,展开攻势。

庄公很慌张,欲下令擂鼓出击。曹刿立即制止,说:"不行!敌人气势正盛,我们必须严阵以待,不能硬拼!"于是传令偃旗息鼓,坚守阵地。

齐军冲锋过来,却碰了钉子,冲不进去,只得退下;过了一会儿,齐军再次擂鼓冲锋，鲁军依然按兵不动，齐军只好又退下来。鲍叔牙得意地说："鲁军一定害怕了，两次挑战都不敢接招，如果我们再来一轮冲锋，他们不逃跑才怪！"

鲍叔牙紧接着第三次下令冲锋，战鼓又像雷一样响起来。这时齐兵心里也认为敌军不敢出来，无形中斗志已松懈下去。

曹刿听到齐军的第三次鼓响了，便对庄公说："是时候了，下令冲击！"

鲁兵一闻鼓响，如猛虎扑食一样冲了出去。齐兵毫无防备，措手不及，被杀得七零八落，仓皇而逃。

庄公大喜，忙下令乘胜追击。曹刿又加以制止："别急！等一会儿。"说完下车去察看地上的车辙马迹，又登上战车，眺望齐军，然后说："可以追击了！"鲁军追杀了三十里，把齐军狠狠地赶回去了，俘获了很多战利品。

战后，庄公询问曹刿获胜的原因。曹刿说："作战，靠的是士气。第一次鼓响，是士气最旺盛的时候，千万不可与其硬拼；第二次鼓响，又碰不到对手，士气就开始松懈了；到了第三次鼓响，士气就耗尽了，战斗力减少了大半。而我军气势正盛，所以才打败了他们。"

庄公又问曹刿为什么不让他乘胜追击。曹刿解释道："齐军诡计多端，他们败走，说不定设有伏兵。我下车去看到他们的车辙是混乱的，可知是仓皇而逃。又上车去看到他们队形是乱的，军旗也歪了，这才放心进军。"

栾枝巧进言

晋文公是春秋时期的一位霸主，未即位时曾因避祸而逃亡在外，历尽艰难险阻，吃尽苦头，流亡了十九年，最后才夺得王位。

在晋文公成为春秋霸主之时，翟（在今山东）这个地方的人进献给他一张很大的狐狸皮和一张很大的豹皮，都是名贵之物。晋文公收到后感叹道:"狐狸和豹子本来活得好好的,却被人杀了,它们有什么过错呢?只是因为它们的皮毛太漂亮了,所以招致祸患。真是可怜可叹啊!"

这时,一个名叫栾枝的大夫听到晋文公的话,说道:"一个国家拥有广阔的土地,可是分配得不均匀;宫廷里财富那么多,却没有分配给百姓。这岂不是和被杀死的狐狸、豹子一样可悲吗?"他的意思是说,国家的土地很多,君主的私人财富也很多,这就像狐狸和豹子的皮毛一样,华美而惹人惦记,说不定哪天就会招来灾祸啊。

晋文公是个聪明人,他听了栾枝的话以后,就说:"你说得有道理,请继续说下去。"

栾枝就接着说:"地广而不平,就会招致百姓的怨恨,将来他们会为了争夺土地而来替你分配的;你宫廷中财产那么多,只是聚敛在一起供自己享乐,而不是给社会谋福利,将来百姓就会将你宫中的宝藏都拿走了。"也就是说,只有君主富有,而百姓穷困,当百姓生活过于困苦的时候,就会起来造反了。

晋文公说:"你说得对。"于是,晋文公马上实施改革,为百姓分配土地,发放钱财救贫赈灾。

这就是"以其善下之,故能为百谷王"的道理。

韩信巧借洪水败齐楚

公元前203年十月,韩信攻下齐国历下,并一举占领了齐都临淄。齐王田广向楚王求救。楚王派大将龙且率二十万大军前往救齐。

十一月,齐楚联军与韩信的汉军在潍水两岸临水对阵。楚将龙且是个有勇无谋的人,好战惯斗,不讲策略。有人对龙且说:"将军,汉军远离本土作战,势必勇猛顽强;而齐、楚在本土作战,士兵容易懈怠。我们不宜与汉军正面对抗啊!不如挖深沟、筑高垒,加强防卫,暂不出战。让齐王田广派亲信去沦陷的地方广为招纳,那些地方听说齐王还活着,而且又有了楚军援助,一定会起来反击汉军的。汉军远离本土两千里,若齐国各地都反他们,他们在这里可能连吃的东西都找不到。这样我们就可以不战而胜了。"可是龙且根本不听,他说:"我素来知道韩信的为人,太容易对付了!如今我战胜他,齐国一半的土地可以封给我。岂有不打的道理?"

韩信连夜让士兵赶制了一万多个口袋,里面装满细沙,堆在潍水上游,这样潍水上游就形成了一个人工堤坝。然后,韩信率军渡河进击龙且军,军队刚过去一半,前军就和龙且军交战起来,可是没过多久,韩信军假装战败,突然往回撤军了。龙且见状,大笑道:"我早就知道韩信是个胆小鬼!"于是,立即率军追击。

这时,韩信下令将堆在潍水上游的沙袋挖开,一时间河水滚滚而来,倾泻而下,把龙且的军队冲散了。在潍水东岸还未渡河的楚兵更是溃不成军,四散逃亡。而对岸的汉军也趁机回身反击,在急流之中疲于奔命的龙且军队成了汉军的活靶子。汉军在韩信的指挥下过河乘胜追击,杀死了龙且,齐王田广也被活捉了。

韩信设置诱敌之计,巧借洪水之势轻而易举打败了齐楚联军。龙且骄傲轻敌,一意孤行,果然中计,最终惨败,丢了自己的性命。

道德经 第七十章

第七十一章

知不知①,尚矣;不知知②,病也。是以圣人之不病也,以其病病③也,是以不病。

注释

①知不知:知道自己有所不知。
②不知知:不知道却自以为知道。
③病病:把病当作病。第一个"病"的意思是把……当作病。第二个"病"的意思是毛病、弊病。

译文

知道自己还有所不知,是很高的境界;不知道却自以为知道,是病态的表现。有道的圣人之所以没有这种毛病,是因为他把"不知知"的毛病当作毛病。正因为他这样做了,所以他没有毛病。

解读

人无完人,能够知道自己有所不知,正确认识到自己的局限,是高明的,而不懂装懂,是一种病态的表现。

圣人本身也不是完美的,但是圣人贵在有自知之明,能够认识到自己的缺点和不足,并努力加以改正,所以圣人能够不断进步,他的品德日益完善,逐渐成为众人学习的楷模。

而不懂装懂、自以为是的人认为自己的观点是完美无缺的,他们往往听不进去别人的意见,一意孤行。他们往往不将对手放在眼里,这样就容易被事物表面的假象所蒙蔽，导致判断失误，遭遇失败。

只有正确认识自己的不足，并及时加以修正，调整自己的计划和策略，才能不断完善自我，不断进步。

认识上的弊病是产生社会疾病的主要原因。要消除疾病，必须先消除认识上的弊病，只有真正做到自知，才不会固执己见、自以为是，才能正确地认识社会和世界。

第七十二章

民不畏威①,则大威②至;无狎③其所居,无厌④其所生。夫唯不厌,是以不厌⑤。是以圣人自知不自见⑥,自爱不自贵⑦。故去彼取此⑧。

注释

①威:指统治者的镇压和威慑。
②威:威胁,指人民的反抗斗争。
③狎(xiá):通"狭",压迫、逼迫。
④厌:同"压",压迫、阻塞。
⑤厌:指人民对统治者的厌恶、反抗斗争。
⑥不自见:不自我表现,不自我显示。
⑦不自贵:指圣人不自以为高贵。
⑧去彼取此:指舍去自见、自贵,而取自知、自爱。

译文

当百姓不怕统治者的威压时,那么大的威胁就要到来了;不要让人民居无所处,不要压迫人民的生活。不压迫人民,人民就不会反抗统治者。因此,圣人有自知之明,而且也不表现自己,爱惜自己,却不自以为高贵。所以,要舍弃自见、自贵而选择自知、自爱。

解读

本章赞扬了圣人自知、自爱的品质,告诫统治者要善待人民,不要无视人民的力量,否则必将被人民推翻。

如果统治者实行强权统治，一味剥削、压迫人民，当人民不堪重负、忍无可忍的时候，就会奋起反抗、以死抗争，这时候，统治阶级的末日也就不远了。

　　纵观历史，不论是奴隶社会还是封建社会，国家分分合合，每一个王朝都不是永久的。反动统治一旦出现无法挽回的政治危机，就会被一个新的朝代所代替。这一历史现象产生的根源就在于统治者"以智治国"，实行利己主义。只有实行"无为之治"，把权力还给人民，社会才能永远安定，人民才会永远富足。

第七十三章

勇于敢者则杀①，勇于不敢者则活。此两者，或利或害②。天之所恶，孰知其故？天之道，不争而善胜，不言而善应，不召而自来，坦然③而善谋。天网恢恢④，疏而不失⑤。

注释

①勇于敢者则杀：勇于坚强就会死。敢，勇敢，坚强。
②或利或害：有的得利，有的受害。
③坦然：坦荡的样子。
④恢恢：广大，宽广无边。
⑤疏而不失：虽然宽疏但并不漏失。

译文

勇于坚强就会遭遇死境，勇于柔弱就可以存活。这两种表现，有的得利，有的受害。上天有所厌恶，谁知道是什么原因？天道不争而善于取胜，不说而善于回应，不召唤而使万物自然归附，胸怀坦荡而善于筹划。天网宽广无边，稀疏却不会有漏洞。

解读

本章表达的仍然是老子贵柔贵弱、不争而争的思想。老子将"勇于敢者"和"勇于不敢者"作对比，认为前者会自取灭亡，后者才能存活下来。

不争而善于取胜，不说而善于回应，不召唤而使万物自然归附，胸怀坦荡而善于谋划，这是天道的性质，也是圣人的品德。柔弱可以战胜刚强，不争却能得到更多，无为却能有所作为，这是老子思想的核心。

处于社会最下层的受苦受难的劳动人民，相对于强大的统治阶级而言是软弱的，但是一旦统治者腐败到极端，致使民不聊生，就会有勇敢的人变得坚强不屈、视死如归，他们会站出来为民请命，与腐朽的统治阶级进行抗争。最后，强大的统治阶级就可能被推翻。所以，统治者应力求得道，依道治国，若违背天道，就一定会受到惩罚。

第七十四章

若民恒且不畏死,奈何以杀惧之也?若民恒且畏死,则为奇①者,吾将得而杀之,夫孰敢矣?若民恒且必畏死,则恒有司杀者②。夫代司杀者杀,是代大匠斫③也。夫代大匠斫者,希不伤其手矣。

注释

①奇:奇诡,邪恶。
②司杀者:指专管杀人的人。
③斫(zhuó):砍削,用刀斧砍。

译文

如果百姓总是不畏惧死亡,为什么要用刑杀来震慑他们呢?如果百姓总是害怕死亡,那么对于做坏事的人,就把他抓来杀掉,谁还敢做坏事呢?如果百姓确实总是怕死,那么总是有掌管杀人的。代替掌管杀人的去行刑,就好比代替大匠去砍木头。代替大匠砍木头的人,很少有不伤到自己手的。

解读

本章是老子对统治者的警告,表达了老子对统治者残暴统治、滥用刑罚的控诉。

如果统治者昏庸无道,社会就会动荡不安,统治者的统治也不会长久。统治者为了满足自己的欲望,施行严刑苛政,甚至不惜伤害百姓的性命,视百姓的生命如草芥,致使百姓战战兢兢,朝不保夕,生活在水深火热之中。这时，对于百姓来说，死反而成了解脱，所以百姓也就不怕死了。一旦百姓不再怕死，那么国家的严刑峻法也就没有威慑力了。如此一来，那些做坏事的人就更加肆无忌惮了。这时，社会必定动荡混乱，统治者的末日也即将到来。

　　统治者只有以民为本，关爱百姓，善待百姓，以道感化百姓，以法规范百姓，使百姓丰衣足食、安居乐业，才能使百姓真心归附，国家也才能安定。而为官者应各司其职，不要做任何越俎代庖的行为，否则就会危害国家，还会伤及自己。

第七十五章

民之饥，以其上食税之多，是以饥；民之难治，以其上之有为①，是以难治；民之轻死，以其求生之厚②，是以轻死。夫唯无以生为③者，是贤④于贵生⑤。

注释

①有为：繁苛的政治，指统治者的妄为。
②以其求生之厚：是因为过度求生。
③无以生为：不刻意做有益于生的事。
④贤：胜过。
⑤贵生：厚养生命。

译文

人民之所以遭受饥饿，是因为统治者征收赋税太多，因此人民饥饿；人民之所以难于管理，是由于统治者政令繁苛、强加干涉，因此人民难以治理；人民之所以轻视死亡，是因为他们过度求生，因此轻视死亡。不刻意做有益于生的事的人，比过分奉养自己生命的人高明。

解读

本章指出统治者贵己贱民、损人利己、政令繁苛是社会罪恶的根源。老子认为只有以人民的利益为重，让权力永远属于人民的统治者，才是贤明的圣人。

劳动人民之所以难以治理，是因为统治者实行强权政治，实行有为之治，对人民强加干涉。统治者无视人民的智慧和力量，依仗自己的智巧实行独裁统治，对人民进行剥削和压迫，使人民遭受饥荒、不堪重负。面对无道的统治者，身处水深火热之中的人民必然会奋起抗争，国家自然难以治理。

劳动人民之所以轻视死亡，敢于和统治阶级作针锋相对的斗争，是因为统治者贪得无厌，只满足于自己奢侈的生活，而不顾及劳动人民的死活。

那些不以厚待自己的生命为人生目的、全心全意为人民服务的人，才是真正的贤人。

第七十六章

人之生也柔弱①，其死也坚强②；草木③之生也柔脆④，其死也枯槁⑤。故曰坚强者死之徒⑥，柔弱者生之徒。是以兵强则灭，木强则折。强大处下，柔弱处上。

注释

①柔弱：指人活着的时候身体是柔软的。
②坚强：指人死以后身体变僵硬。
③草木：一本在此之前有"万物"二字。
④柔脆：指草木形质的柔软脆弱。
⑤枯槁：这里形容草木干枯。
⑥徒：类。

译文

人活着的时候身体是柔软的，死后就变得僵硬；草木活着时是脆弱的，死后就变得干枯了。所以说强硬的事物属于死亡的一类，柔弱的东西属于生存的一类。因此，用兵逞强就不能取胜，树木过于坚硬就会遭到砍伐。强大的总是处于下位，柔弱的反而居于上位。

解读

本章以人和草木的生死为例，论述了坚强与柔弱的辩证关系，重申了老子贵柔贵弱的思想。

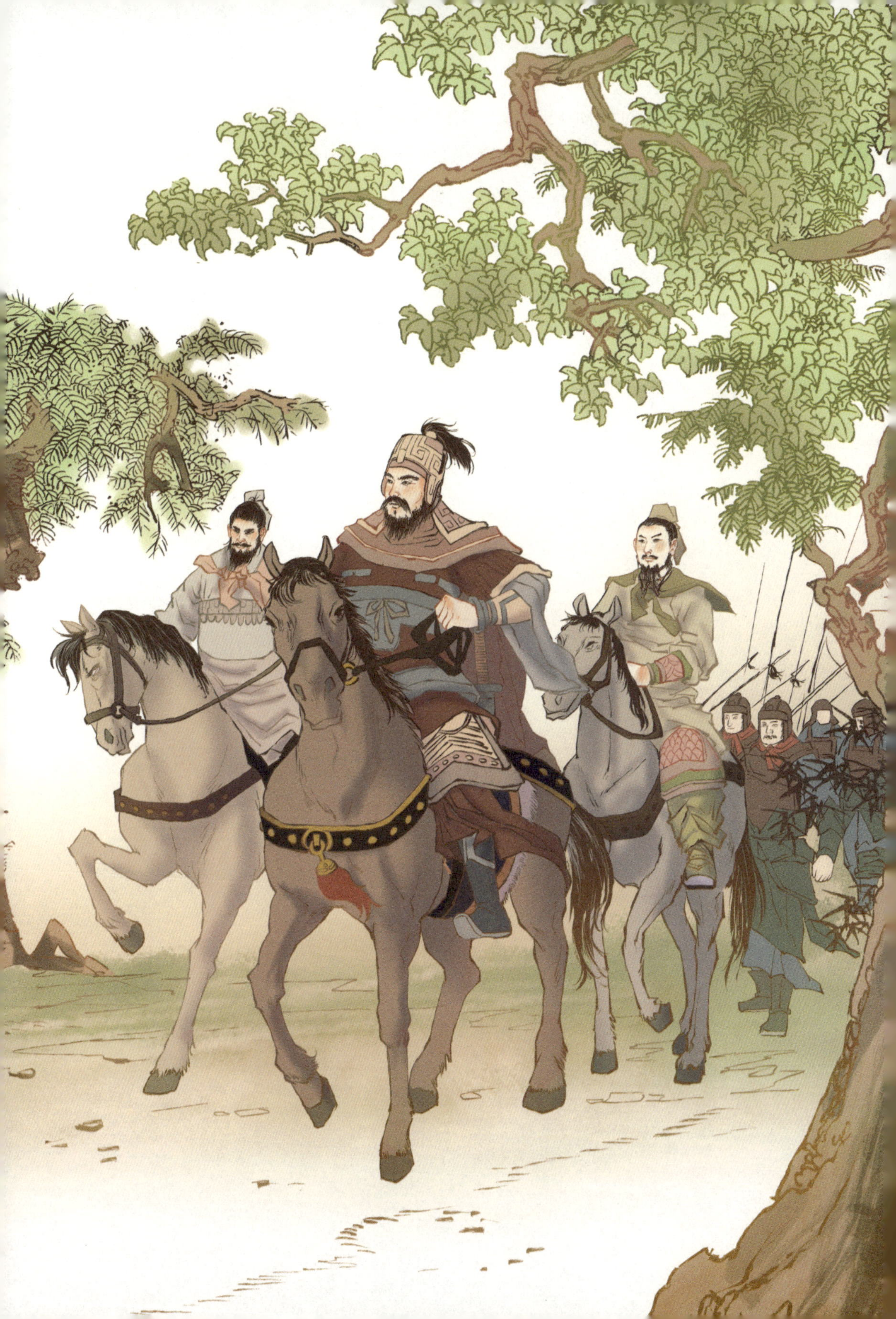

统治者面对的国家就像一棵大树，人民才是大树的根，只有根本强大，大树的枝叶才能茂盛。倘若树根枯死了，枝叶还能存活吗？所以说，人民是国家的根本，民强则国强。可惜很多统治者不懂得这个道理，不重视人民群众的力量，不爱护尊重人民，只求满足自己的欲望，所以他的国家灭亡了，他自己也没有得到好下场。

第七十七章

天之道，其犹张弓与？高者抑之，下者举之；有余者损之，不足者补之。天之道，损有余而补不足；人之道①则不然，损不足以奉有余。孰能有余以奉天下？唯有道者。是以圣人为而不恃，功成而不处，其不欲见贤②邪？

注释

①人之道：指人类社会的一般法则、律例。
②贤：贤能。

译文

自然的法则，不是很像张弓射箭吗？弦拉高了就把它压低一些，低了就把它举高一些；拉得过满了就减损一些，拉得不足了就补足一些。自然的规律，是减损有余的，来补足欠缺的；可是社会的法则却不是这样，总是削减不足的来供给有余的。那么，谁能够减少有余的，以补给天下人的不足呢？只有得道者。因此，有道的圣人有所作为而不自恃己能，有所成就而不居功，他是不愿意显示自己的贤能吧？

解读

通过自然规律，可以认识社会规律，社会规律必须符合自然规律。统治者压迫人民，人民就会起来推翻他，剥夺官僚豪绅的财富，分给贫苦的劳动人民。圣人推行天道，以身作则，放下自己的名利之心，处处以人民的利益为重，体现的是集体主义的道德风范，所以圣人自然成为人民学习的楷模。如果人人都能彻悟大道，与天地合德，那么和谐社会就会成为现实。

第七十八章

天下莫柔弱于水,而攻坚强者莫之能胜,以其无以易①之。弱之胜强,柔之胜刚,天下莫不知,莫能行。是以圣人云:"受国之垢②,是谓社稷主;受国不祥③,是为天下王。"正言若反④。

注释

①易:改变。
②受国之垢:承担全国的屈辱。垢,屈辱。
③不祥:灾难,祸害。
④正言若反:正面的话好像反话一样。

译文

天下再没有比水更柔弱的了,而攻坚克强却没有什么可以胜过水,这是因为没有什么能改变水。弱胜过强,柔胜过刚,天下人都知道这个道理,但是很少有人能实行。所以,有道的圣人说:"能够承担国家的屈辱,才能成为国家的君主;能够承担国家的祸灾,才能成为天下的君王。"很多正面的话却好像在反着说。

解读

本章以水为例,强调了弱胜过强的思想,然后对天下君主提出了要求,即甘于居下,能够承担国家的屈辱和灾祸。

老子把处于弱势的人民比作柔弱之水,水可以载舟,亦可以覆舟,在推翻剥削阶级的革命斗争中,被剥削者是革命的先锋,是冲锋陷阵的中坚力量，他们前仆后继，视死如归，勇猛无比。这时，本来柔弱的人民变得无比刚强。

反动统治阶级貌似强大，实则弱小，处于被统治地位的劳动人民才是真正强大的，只要人民齐心协力，就完全有力量推翻反动统治，获得解放。

第七十九章

和大怨，必有余怨，安可以为善？是以圣人执左契①，而不以责②于人。故有德司契，无德司彻③。夫天道无亲④，常与善人。

注释

①契：契约。

②责：索取，讨债。

③司彻：掌管税收的官职。

④无亲：没有亲疏偏爱。

译文

调解深重的仇怨，必然会留下残余的怨恨，这怎么算是做好事呢？因此，有道的圣人拿着借据，却不以此强迫别人还债。因此，有德之人就像持有借据的人那样宽容，没有德的人就像掌管税收的人那样苛刻。自然规律对任何人都没有偏爱，但常常帮助善人。

解读

本章体现了老子超脱的智慧和品德。老子认为，光靠调解，是不能消除大怨的，而是要以一种超脱的心态对待，超越恩怨的计较，才能真正消除怨恨，才是真生的善。这与第六十三章中的"报怨以德"同理。

道面前，人人平等，道是公平的，没有偏爱的，但道常常帮助善人，这是因为善人离道更近，更理解道，为人处事更符合道的规范。所以，我们要加强自身修养，做一个善人。

第八十章

小国寡民。使有什伯①人之器而不用;使民重死②而不远徙③;虽有舟舆④,无所乘之;虽有甲兵⑤,无所陈⑥之;使民复结绳⑦而用之。甘其食,美其服,安其居,乐其俗⑧。邻国相望,鸡犬之声相闻,民至老死,不相往来。

注释

①什伯:形容极多,多种多样。

②重死:看重死亡,即不轻易冒着生命危险去做事。

③徙:迁徙,迁移。

④舆(yú):车子。

⑤甲兵:武器装备。

⑥陈:陈列,此处指使用。

⑦结绳:文字产生以前,古人结绳记事。

⑧俗:生活,习俗。

译文

使国家变小一点,使人民少一点。使人民有丰富繁多的器具,却并不使用;使人民重视死亡,而不迁徙到远方;虽然有船有车,却没有人乘坐;虽然有铠甲兵器,却没有用武之地;使人民回到远古结绳记事的自然状态之中。使人民吃得香甜,穿得漂亮,住得安适,过得快乐。邻国之间互相可以望见,鸡犬的叫声彼此能听见,百姓从生到死,也不互相往来。

解 读

本章描述了老子小国寡民的政治理想。

在这样的社会里,国家的物质财富完全可以满足人民的需求,人们安心生产,日出而作,日落而息,自给自足;人们没有劳苦愁烦,不受疾病折磨,身体健康长寿,直至自然死去。社会和谐安定,民风淳朴。老子为我们描绘了一幅安宁、祥和、富足的理想社会图景,表达了老子对战争的厌恶和对和平的憧憬,这也是老子无为之治思想的效果体现。

第八十一章

信言①不美，美言不信。善者②不辩③，辩者不善。知者不博④，博者不知。圣人不积⑤：既以为人，己愈有⑥；既以与人，己愈多⑦。故天之道，利而不害⑧；人之道⑨，为而弗争。

注释

①信言：真实可信的话。
②善者：善良的人。
③辩：巧辩，能说会道。
④博：广博。
⑤积：积藏。
⑥既以为人，己愈有：把自己的一切用来帮助别人，自己反而更充实。
⑦多：此处意为丰富。
⑧利而不害：使万物得到好处而不伤害万物。
⑨道：此处指圣人的行为准则。

译文

真实的话不漂亮，漂亮的话不真实。善良的人不巧辩，巧辩的人不善良。真正有智慧的人不广博，广博的人缺少智慧。圣人无所积藏：尽力帮助别人，自己也更为充实；尽力给予别人，自己反而获得更多。上天的法则是让万事万物都得到好处，而不加伤害；圣人的行为准则是有所作为而不争夺。

> 解读

本章阐述了得道之人的处世之道：言语朴实，为人纯厚，博学多才而不炫耀，帮助他人而不为利。

老子认为真实可信的言论不需要用华美的辞藻来修饰，因为它揭示的是真理；某些听起来漂亮的话却是缺乏科学依据的，经不起历史的检验。真知来源于实践，只凭主观愿望、主观想象来辩论是非，是不科学的，所以彻悟大道的人不诡辩，诡辩的人没有彻悟大道。只执着于研究书本，获取的只是现象世界的知识，永远打不开真理的大门。只有不断实践，才能获取真知。

圣人乐于奉献而不索取。圣人做事不刻意积累财富，一心为众人着想，竭尽全力帮助众人，自己反而得到更多。这是圣人效法自然的思想，自然规律就是利万物而不害万物。

【延伸阅读】

范仲淹以民为本

范仲淹说："先天下之忧而忧，后天下之乐而乐。"他确实是事事处处都能从民众利益而不是一己之私出发，这是有口皆碑的。

庆历年间，范仲淹施行新政，措施之一是派一批按察使巡回各地作视察，视察内容包括了对各地官吏的政绩的考察，然后再根据这种考察的结果，罢免那些不能胜任的官员，把他们的名字从官员登记簿上勾掉。

有位朝中重臣就劝范仲淹少勾一些，说："你一笔勾掉一个名字容易，但是被勾掉名字的官员及其一家人生活怎么办？"范仲淹马上予以反驳："一家人哭，怎么比得一路（'路'在宋朝相当于现在的省的编制）人哭啊！"他依然不改初衷。

不仅如此，苏州有条街名叫"卧龙街"，其得名的缘起就跟范仲淹有关。原来，范仲淹在苏州为官时，一位风水先生认为此街的南头为龙头，北头为龙尾，所以就建议他建房于街南，如此可保范家的子孙世代进科中举，世代有功名富贵。

不料范仲淹却断然予以拒绝。范仲淹说道："我一家的世代富贵，哪里比得上本地士大夫知识分子们的世代富贵呢？"

所以，范仲淹就命人在该街的南头建孔庙，设府学，并大力聘请当时的名儒来此讲学，先后培养出了不少益国益民的才子，此地也就被众人视为藏龙卧虎之地，并称之为卧龙街。

当官从政的最高原则就是造福于民，即使因此得罪权贵，也不能违背自己的良心和人的常情。

清正廉洁的卢怀慎

唐朝的宰相卢怀慎清正廉洁，节俭清贫，他的吃穿用具和家里的陈设都非常简陋。他虽身居高位，可妻子和儿女却经常挨饿受冻，但是他对亲戚朋友却非常大方，所得的俸禄赏赐从不吝惜赠给他们。

卢怀慎去东都洛阳主持官吏选拔考核的重要公务，随身只带一只布口袋。他担任黄门监兼吏部尚书期间，病了很长时间。宋璟和卢从愿去探望他，只见卢怀慎躺在一张破竹席上，门上连个遮风挡雨的门帘都没有，遇到刮风下雨，他就举起席子遮挡自己。卢怀慎平时很器重宋璟和卢从愿，打算留他们吃饭，并叫家里人准备最好的饭菜，然而这最好的饭菜也只有两瓦盆蒸豆和几根青菜而已。卢怀慎握着宋璟和卢从愿两个人的手说："陛下寻求人才和治理国家的心情很急迫。但是时间长了，渐渐有所懈怠，这时恐怕会有小人乘机升到高位了，你们两个一定要记住。"

过了没几天，卢怀慎于家中病逝，没有留下任何积蓄。他在病危的时候，曾经写了一份报告，向唐玄宗推荐宋璟、卢从愿、李杰和李朝隐。唐玄宗看了报告，对卢怀慎感到更加惋惜。

有一次，唐玄宗到城南打猎，途中遇到卢怀慎的家人正在举行卢怀慎去世两周年的祭礼，唐玄宗便赏赐了细绢帛等物。唐玄宗停止打猎，在卢怀慎墓前长久注视，潸然泪下，命人为卢怀慎立碑，令中郎苏颋草拟碑文，并亲自为卢怀慎书写碑文。

楚庄王韬光养晦

春秋时期，楚庄王刚刚即位，楚国内外都紧盯着他。楚国上下对他寄予厚望，希望他能继承先祖遗志，继续振兴楚国。邻近的国家则惴惴不安，密切关注楚国的动静。

然而出人意料的是，楚庄王即位后，根本不理朝政，每日声色犬马，饮酒作乐，俨然一副荒淫无度的昏君形象。

楚国的大臣们看不下去了，不甘心楚国前两代国王奋斗的成果毁于一旦，纷纷入宫进谏，楚庄王则置之不理，我行我素，他警告臣民说："有敢谏者，杀无赦！"从此之后，没人敢再劝谏了。

楚庄王不理朝政，下面乱作一团，权臣、小人、贪官们纷纷浑水摸鱼，趁机为自己捞取好处。楚国的政治一片混乱。

楚国的大夫伍举实在忍不住了，便决定入宫进谏。他见到楚庄王时，楚庄王正左搂郑姬，右拥越女，喝着酒，听着音乐。

伍举说："大王，我有些话想说。有这样一个谜语，在楚国的一座高山上，有一只大鸟，它羽毛五彩缤纷，非常漂亮，可是三年来它既不鸣叫，也不飞走，请问这是怎么回事？"

楚庄王沉思片刻，说道："这只鸟不鸣则已，一鸣惊人。不飞则已，一飞冲天。你退下吧。你的意思我都明白了。"

几个月过去了，楚庄王更加荒淫无度，楚国大夫苏从看不下去了。便直闯王宫，舍身进谏："您身为国君，不理国政，只知道享受声色犬马之乐，却不知道乐在眼前，忧在不远，不久就会民众叛于内，敌国攻于外,楚国离灭亡不远了。"

楚庄王勃然大怒,厉声道:"大夫不知道寡人的禁令吗?难道你不怕死吗?"

苏从凛然正色道:"假如我的死能让君王醒悟,那我宁愿去死。"

楚庄王被苏从感动,从此不再只是寻欢作乐、荒淫无度,他开始治理朝政。楚庄王发布一系列政令,把那些权臣政客、谄谀小人、贪官和不称职的官员都处理了;把那些包括伍举、苏从在内的忠于国家、有才能、刚直不阿的人提拔上来。

之后,楚庄王继续开疆拓土,平定了周围附属小国的叛乱,并且挺进中原,夺得了霸主地位,成为著名的"春秋五霸"之一。

楚庄王即位时,楚国表面上看起来风平浪静,内里却暗流涌动——权臣夺利,小人充斥,群臣良莠不齐,忠奸难辨。他就故意收敛锋芒,将真实的自己隐匿起来,这样不仅消除了周围国家的戒心,也消除了群臣的顾忌,让他们露出自己的庐山真面目。楚庄王在苦等三年,摸清了所有情况后,毅然施展霹雳手段,使楚国政治焕然一新。

韬光养晦是一种人生智慧。将自己藏起来,并不是一声不响、默默无闻,而是在暗中观察,透过现象看本质,辨清方向,在暗中积蓄自己的力量,待时机成熟时,便可一飞冲天,一鸣惊人。

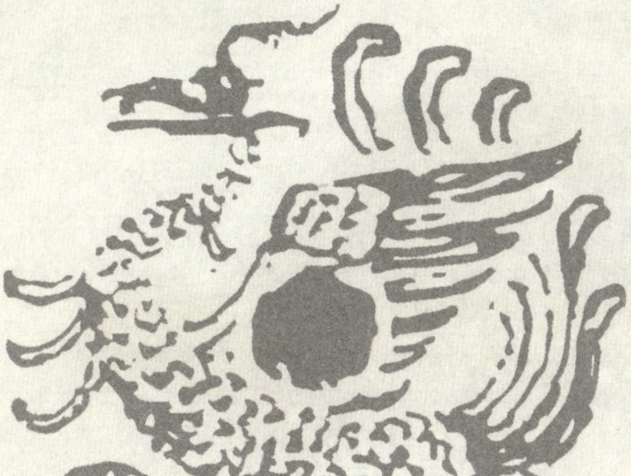

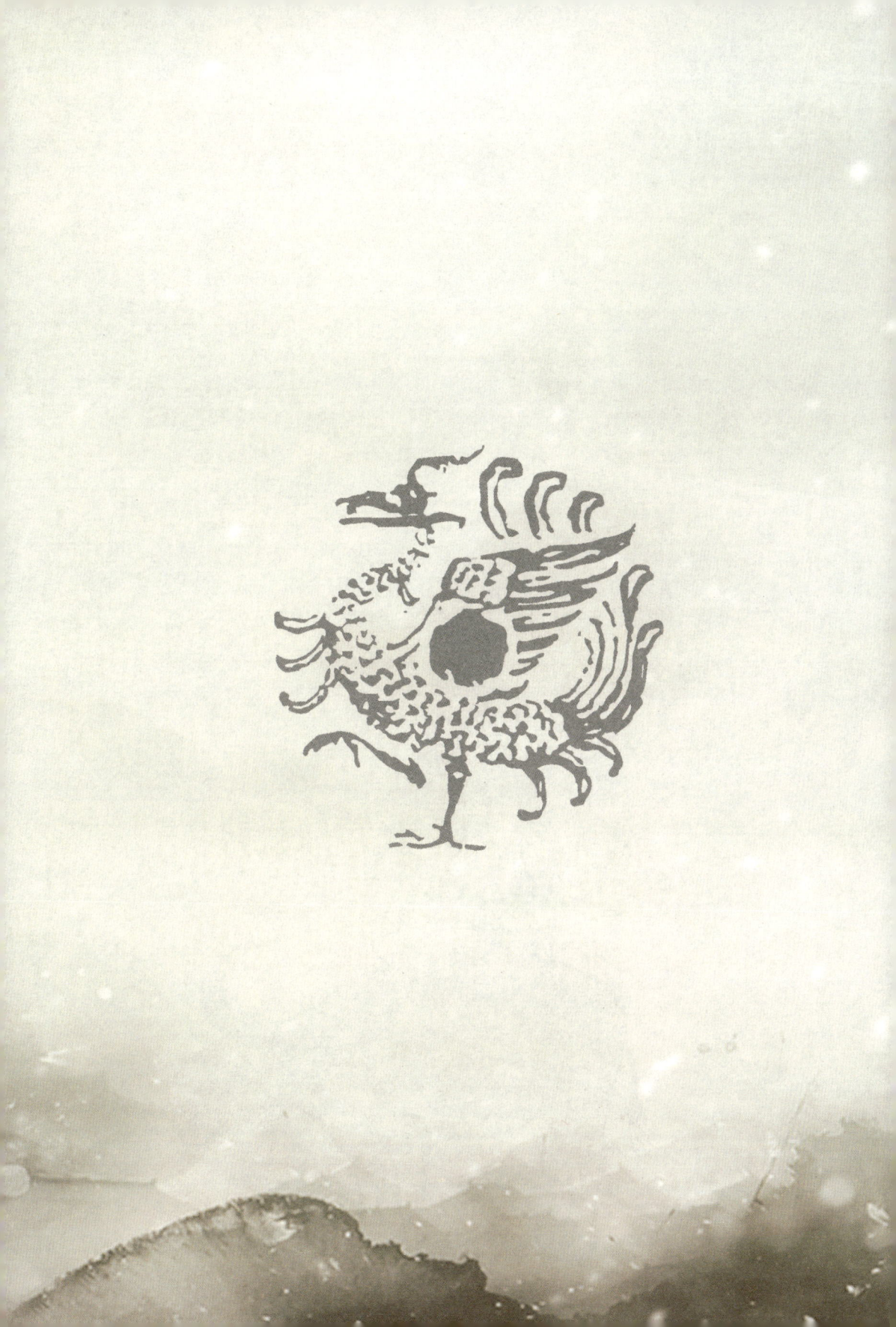

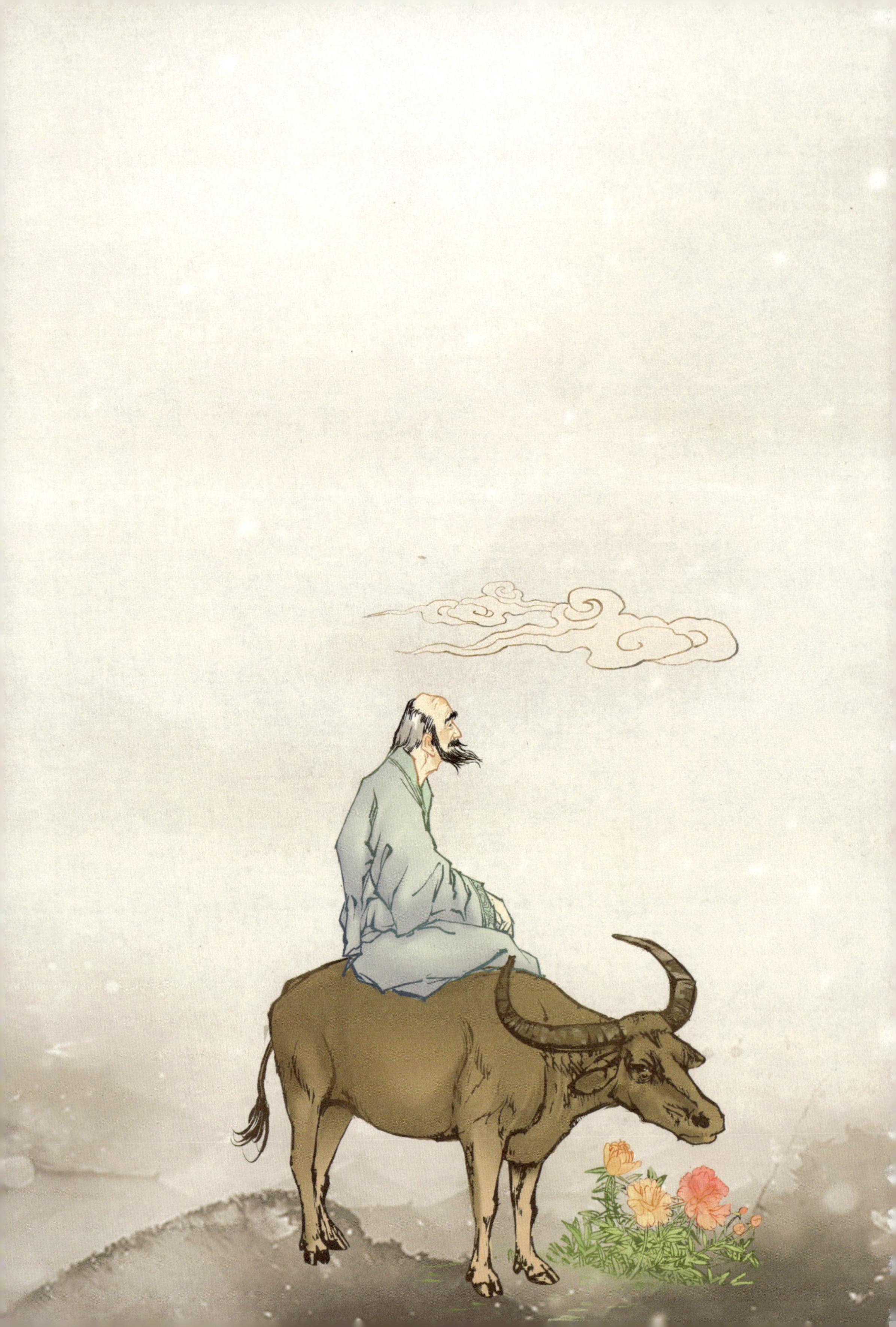